日本金融 与 货币政策研究

王化 ◎ 著

西南交通大学出版社

·成 都·

图书在版编目（ＣＩＰ）数据

日本金融与货币政策研究／王化著. 一成都：西
南交通大学出版社，2021.11
ISBN 978-7-5643-7843-1

Ⅰ. ①日… Ⅱ. ①王… Ⅲ. ①金融政策 – 研究 – 日本
②货币政策 – 研究 – 日本 Ⅳ. ①F813.130

中国版本图书馆 CIP 数据核字（2020）第 235923 号

Riben Jinrong yu Huobi Zhengce Yanjiu

日 本 金 融 与 货 币 政 策 研 究

王 化 著

责任编辑　　李芷柔
封面设计　　原创动力
出版发行　　西南交通大学出版社
　　　　　　（四川省成都市金牛区二环路北一段 111 号
　　　　　　西南交通大学创新大厦 21 楼）
发行部电话　028-87600564　028-87600533
邮政编码　　610031
网址　　　　http://www.xnjdcbs.com
印刷　　　　四川煤田地质制图印刷厂
成品尺寸　　170 mm × 230 mm
印张　　　　8.5
字数　　　　71 千
版次　　　　2021 年 11 月第 1 版
印次　　　　2021 年 11 月第 1 次
书号　　　　ISBN 978-7-5643-7843-1
定价　　　　48.00 元

　　第二次世界大战之后，日本经济走上了高速发展之路，逐渐成为世界上最主要的经济体之一，在这过程中的货币财政等政策是如何变迁的？日本 1990 年代泡沫经济是如何产生以及破灭的，其面对金融危机的应对如何？日本金融制度以及相关金融是什么样的？本书将对以上问题进行详尽的总结，从而对我国的货币财政以及金融政策带来启示性的分析。

　　本书主要分为两大部分，第一部分阐述了第二次世界大战后日本经济增长带来的货币财政等政策的变迁以及在此期间的危机应对，并对目前日本极宽松货币政策的失灵及溢出效应进行分析。第二部分详细诠释日本的金融体制、市场监管体制及其发展与相应的变革。

　　本书对日本经济金融政策进行了的详尽剖析，并针对我国的货币财政等政策以及金融政策给出了相关政策建议，对我国制定相关政策具有一定的启示和借鉴意义。

　　本书在撰写过程中参考了笔者过往的研究资料与研究成果，以及大量来自日本银行、日本交易所集团、日本金融厅的公开数据以及公开网络资料。由于作者水平及能力有限，书中难免存在不足与疏漏之处，希望各位同行、专家和读者不吝指正。

作　者

2021 年 8 月

目录
Contents

01

第一部分

日本战后货币财政政策的
变迁与要点分析

第一节　日本战后货币财政政策的变迁

探讨日本的货币以及财政变迁的情况及其中的经验与教训，首先应当从日本第二次世界大战之后货币政策的发展以及经历的阶段开始梳理，并总结日本这几个时期的金融货币政策及其带来的后果与教训等。

大致来说，日本货币政策可以分为三大时期：一是货币政策趋紧，也就是所谓钱少的时期，如 1945—1955 年、1974—1984 年、1989—1990 年；二是货币政策趋松，也就是所谓钱多的时期，如 1956—1973 年、1986—1989 年、1991—1999 年、2000—2006 年以及 2008 年以后；三是货币政策宽松乃至极其宽松的时期，如 20 世纪 70 年代初、1986—1989 年、2000 年后的几次量化宽松时期。在本书中，把日本第二次世界大战之后的经济与货币政策总结梳理为三大阶段，十个不同时期。日本战后经济经历的三大阶段：

第一阶段为经济快速发展并成功转型至发达国家期；第二
阶段为硬着陆的失败导致泡沫经济而进入长期衰退期；第
三阶段为正在进行中的日本经济金融改革，内外部的影响
与压力互相作用期。本章将以时间为顺序进行介绍分析。

第一阶段：
经济快速发展并成功转型至发达国家

一、1945—1955 年经济起飞准备时期：严格的
管控措施

1．背景原因

日本在第二次世界大战后处于物资奇缺、工业瘫痪、
物价飞涨、国民经济濒临崩溃边缘的状况。在这种困境下，
政府当局认为，恶性通货膨胀不仅是整个经济的动荡之源，
而且是国民经济复兴与发展的巨大障碍，因此必须实行严
厉的货币政策。此后在一长段时期内，日本一直采取相应

的紧缩货币政策，尤其在经济复兴初期采取了严格的管控措施。例如，1946 年 2 月公布了《金融紧急措施令》，实施旧钞兑换新钞，每人只准兑换 100 日元新钞，其余的旧钞票强行存入银行冻结。1946 年 2 月日本政府通过了《煤炭钢铁超重点生产计划》。实现这一计划的资金来源主要是日本银行认购的"复兴金融公库"债券。这引起了"复兴金融膨胀"。1949 年 3 月因"复兴金融膨胀"，"复兴金融公库"的贷款中止。1945—1955 年间逐步削减货币发行量（战后日本因国债积累和欠债而大量地增发货币，但是货币发行的增长率是逐渐下降的）。

2．主要的财政与货币政策

（1）推行"超平衡预算"的财政政策。

日本政府果断地削减政府在财政方面一直承担的各种补贴费，在此基础上，要求各年度预算保持财政收支平衡，而且要大幅度地偿还过去发行的国债，从而编制相当严格的通货紧缩型盈余预算。这种"超平衡预算"的财政政策不仅首先消除了财政赤字对通货膨胀可能产生的强大"脉冲效应"，更重要的是，"超平衡预算"所产生的剩余资金又为金融体系提供了资金头寸，使整个经济运行的"投资饥饿症"得到了一定的缓解，从而为社会经济再生产的正常运行创造了良好的总供给增长基础。

（2）将税收政策作为宽松的微调工具。

在财政货币总量双紧，从而导致资金极度短缺的情况下，日本政府推行了"夏普税制"这种税收政策，对整个宏观经济的紧缩运行进行"微调"。"夏普税制"的主要内容是：减免私人储蓄税，私人存款的利息有 70% 可以免税；降低法人税率，推行各种减税特别措施，其范围包括以加强资本积累为目的的各种准备金和专款、特别折旧制度以及为振兴出口而引进的技术项目等；实行高税率的个人所得税，私人所得税收入的税率上限是 5%，对高收入者还要另征富裕税。"夏普税制"这一特有的"微调"工具，提高了货币政策的微观功效。在总需求过旺的膨胀空气中，某些亢奋的消费倾斜行为会在客观上造就总需求进一步扩张，使货币政策的微观功效降低，而以信贷资金为调控主体的货币政策又无能为力。在这种情况下，高额的所得税则正好可以发挥"内在稳定器"的作用，自发地抑制消费需求的膨胀趋势，从而为紧缩的货币政策铺平道路。此外，法人税和私人储蓄税的种种优惠措施又直接地增加了资本积累，提高了经济增长速度。

3．期间货币政策的效果

这些措施成功抑制了日本战后初期的恶性通货膨胀，不仅没有带来国民经济的进一步萧条，反而促进了经济的较快回复和发展，为经济起飞打下了牢固的物质基础。

4．政策成功原因

（1）"紧缩总量与宽松结构"并举。

（2）以"抑制消费需求"为重点。

（3）推行"超平衡预算"的财政政策。

（4）将"税收政策"作为宽松的微调工具（推行了"夏普税制"）。

二、1956—1973 年经济起飞时期：稳定第一位

1．背景原因

从 1955 年开始，物价基本稳定，企业的资本需求高涨，日本开始放松银根。为了加速经济的发展，日本政府通过行政规定，将利率压制在市场供求所决定的实际利率水平之下，大大降低了企业的融资成本。在这个阶段，货币政策的三大"法宝"难以发挥其效用：法定存款准备金率的

变动对经济的冲击过大，无法经常调整；当时日本的金融市场尚未完善，难以通过公开市场操作调节货币供应量；长期保持低利率会使货币供应量降低对再贴现率的反应灵敏度，导致再贴现率无法正常发挥调控宏观经济的作用。在这个时期，日本银行（以下或称日本央行）常使用的货币政策工具是"窗口指导"，即直接规定商业银行的贷款规模和资金投向。这种极宽松的信贷环境，使该时期的经济得以高速发展。

2. 宽松的政策

（1）低利率政策：在经济起飞的 17 年里，日本银行各种放款的官定利率——基本贴现率一直停留在 4.02% ~ 7.67% 之间，以刺激经济的高速增长。

1970—1972 年，为应对日元升值的压力，日本银行连续 6 次下调再贴现率，再贴现率降到 4.25% 的战后最低水平，以扩大房地产行业融资。

（2）超额贷款：中央银行向商业银行直接发放贷款，从而使社会货币总量增加。1955 年到 1973 年，日本银行的贷款额增长了 69.2 倍，而向商业银行的贷款通常占商业银行借款总额的 84% 左右。1972 年 12 月，日本银行向各种金融机构的"超额贷款"达到 17 480 亿日元。

（3）货币供给量剧增。1955—1973 年，日本银行的货币发行量由 23 310 亿日元增加到 403 110 亿日元，增长了 16.3 倍。

（4）较低的存款准本金率：1957 年 5 月，日本通过了关于建立存款准备金制度的立法，规定金融机构存款准备金率的制定、变动、废除均由日本大藏省（2000 年以前日本主管金融财政的部门）决定，日本银行负责执行。然而，总的来看，日本所规定的各种存款准备金率是很低的。以城市银行为例，1 000 亿日元以上的定期存款准备金率是 0.5%，只有在 1961 年的 10 月 1 日和 1973 年 1 月 16 日临时调整到 1%，而 200 亿～1 000 亿日元的定期存款准备金率则在 0.25%～0.75% 之间。其他一些按规定必须保持准备金的地方银行和中小金融机构则一直是 0.25%。

在这一时期，日本虽然不存在通货膨胀压力而能够大力推行松弛的货币政策，但在实施上述松弛货币政策的同时，日本政府当局并没有忘记该政策对通货膨胀的诱导作用。所以，在同一时期，日本政府也相应地采取了下列稳定政策：

（1）"窗口指导"。　所谓"窗口指导"，是指日本银行根据经济形势、物价水平、金融 行情以及城市银行以往的贷款情况，对每家城市银行和一些地方银行等金融机构规定贷款增加额度。这种数量控制的货币政策工具，对"低利率放款制度化""超额贷款经常化"的日本金融体制具有巨大而有效的约束力。由于政府当局长期推行低利率政策，日本银行的官定利率变成了一种只有扩张效应而缺乏收缩效应的刚性利率，而"窗口指导"的实施，则可以直接而有效地抑制低利率所产生的信用膨胀，进而防止经济的过度繁荣。

（2）"温和抑制"。虽然整个经济起飞时期的货币政策始终处于松弛状态，但为了防止经济过度繁荣，阻止外汇储备的继续下降，消除国际收支逆差，日本政府在 20 世纪 60 年代曾实行过七次紧缩政策。

（3）"平衡预算"。该项属于财政政策。

3. 财政与货币政策的影响

早在战后初期，日本就在驻日盟军总司令部的督促下，实行"超平衡预算"的财政政策。走上经济起飞道路后，尽管政府支出有了巨大的增长，但"平衡预算"这一稳健的财政规则仍然是决策者们的指导思想。从 1955 到 1972 年，日本各级政府的投资总额是 352 490 亿日元，而储备总额高达 456 010 亿日元，超过投资总额 103 520 亿日元。

就每年来看，储备超过投资的余额占国民生产总值的比重
通常在 1.8% 左右。在这一时期，国家的财政收支也是连年
有节余，最高的 1973 年曾达到 19 837 亿日元。这样一来，
日本不仅不存在为弥补财政赤字而增发货币的通货膨胀
性政策，而且在很大程度上减弱了松弛货币政策对通货膨
胀的牵引力。

三、1974 年—1984 年安定成长期：紧缩政策

1. 背景原因

1973 第一次石油危机爆发，石油价格大幅上涨，使得
日本国内物价也大幅上涨。同时布雷顿森林体系瓦解，浮
动汇率制度导入，美元兑日元从固定汇率时代的 1：308，
下跌至 1：260。由于日元大幅度升值，日本企业出口利润
削减，而且失业率上升，日本陷入经济停滞以及物价上升
的双重困难中。1973 年日本国内生产总值（GDP）、国民
生产总值（GNP）突然缩水，之后便告别高度经济成长期，
进入安定成长期。

在安定成长期，日本的平均实际 GDP 增速约为 4%[①]。在这段时间内，日本受到两次石油危机的冲击，导致国内物价大幅度提升。而日本银行为了解决物价上升问题，两次采取了紧缩的货币政策(1973—1975 年以及 1979—1980 年)。而因为国内物价的大幅提升，日本政府不得不出台总需求抑制政策。

2．货币政策

1973 年 1 月和 3 月，存款准备金率分别提高到 1.0% 和 1.5%。

1973 年 4 月至 1974 年 1 月，日本银行连续 5 次提高再贴现率，从 4.25% 上调至 9.0%，以抑制通货膨胀（石油危机引发的进口推动型通货膨胀）。存款准备金率也从 0.5% 上调至 2.25%。同时限制金融机构贷款规模，不断紧缩的货币政策使土地价格逐渐恢复到正常范围，新建住宅数量开始下降。

1975 年，物价趋于稳定，经济危机得以控制，日本银行转而放松银根，将再贴现率从 9.0% 一直下调至 1978 年的 3.5%，从而刺激了经济回升。

————————

① 注：书中所用增速、增长率数据，为本币（日元）数据。

1979 年，第二次石油危机使日本再次紧缩银根，再贴现率再次上升到 1980 年的 9.0%，从而使日本经济保持着稳定增长。

进入 20 世纪 80 年代，日本的贸易盈余逐年递增，日元升值压力巨大。为应对日元升值的压力，日本银行将再贴现率下调至 1983 年 10 月的 5.0%，并一直保持到《广场协议》的签订。

3. 结　果

日本消费在一大段时间内出现低迷，大型公共事业的投资减少，也使日本国内经济增长放缓。不过，紧缩政策的实施，以及消费和投资的减少，也使得日本物价在石油危机之后出现了下跌。

在浮动汇率实行后，日元经历了一个大幅升值的过程，随后慢慢贬值。1979—1980 年的从紧政策使得日元再次升值，随后又进入一个贬值过程。

因为日元升值以及上述原因，日本在此安定发展期内，国内经济发展比较缓慢。但也受益于日元的升值，日本企业在海外的活动得到进一步发展。

4．财政与货币政策的影响

"财政重建"是20世纪80年代日本财政政策的核心内容，这期间经历了增税重建—不增税重建—增税重建的历程。因此，财政政策在经济中的作用被降低了，财政当局则致力于维持财政的均衡，经济政策完全交由货币当局执行。

进入20世纪80年代以后，还本付息的支出对财政造成巨大压力。1980年日本的财政赤字高达13.5万亿日元，国债负担率达到32.6%，已经超过美国和西德，也超过主要发达国家20世纪70年代后半期以来的峰值，大大削弱了财政调节经济的灵活性。政府的连年财政扩张首先加速了金融市场利率的上升，1980年3月的官定利率为9%，而当年度实际经济增长率仅为3.5%。其次，急剧增长的国债已经达到金融市场容量的极限，结果出现了无人承购的难题。另外国际上，美国为控制国内通货膨胀，不断提高官定利率，1980年2月的官定利率已高达13%。当时日本国内金融自由化程度已较高，为防止资本外逃，日本也不得不进一步提高官定利率。

这样，日本经济受到财政扩张的挤出效应和国内利率高企的影响，企业投资积极性衰退，日本会丧失以企业投资为特征的国际竞争力之源，因此日本国内开始积极走上矫正财政收支严重失衡，扭转赤字高企和债务累积的道路。

第二阶段：
硬着陆的失败导致泡沫经济而进入长期衰退期

四、1986—1991 年泡沫经济时期：资产泡沫急剧扩大

1．1986 年 1 月—1987 年 2 月：扩张性货币政策

（1）背景原因

一直以来，日本政府认为实现经济的快速发展必须保持日元汇率的稳定。于是在签订《广场协议》后，面对日元大幅升值，日本当局实行了扩张性的货币政策。一方面，当时日本正在全力推行金融自由化和国际化，国际资本可以很容易地流入流出日本市场，日本当局认为较低的利率能够缓减国际资本对日元的冲击，降低日元升值的压力。

另一方面，日本当局认为日元持续升值会导致日本出口量的减少，不利于经济增长，而利率的降低能够增加国内投资，扩大国内需求，实现经济的持续稳定增长。另外，美国财政部为防止美元过度贬值，希望日本当局放松银根。况且，降低再贴现率并不违反《广场协议》的内容。于是，日本银行从 1986 年 1 月开始连续五次下调再贴现率，从 5.0% 一直降到 1987 年 2 月的 2.5%。一年内，日本政府连续 5 次下调公定贴现率，目的是遏制日元升值并刺激国内经济。

（2）货币政策

1986 年 1 月：下调公定贴现率，由 5% 下调至 4.5%。

1986 年 3 月：下调公定贴现率，由 4.5% 下调至 4%。

1986 年 4 月：下调公定贴现率，由 4% 下调至 3.5%。

1986 年 11 月：下调公定贴现率，由 3.5% 下调至 3.0%。

1987 年 2 月：下调公定贴现率，由 3% 下调至 2.5%。

2．1987 年 2 月—1989 年 5 月：长期保持国内低利率

（1）背景原因

1987 年初日本经济已经开始高涨，继续维持低利率可能会带来通货膨胀，但纽约股灾的突然爆发使日本当局放弃了提高利率的计划。日本与其他发达国家联合投入大量

资金以干预外汇市场，很快平定了股市危机。之后，各发达国家的经济逐渐回暖，但日本当局高估了纽约股灾的影响，害怕此时上调利率会导致国际资本的大量流入，从而引发日元汇率的剧烈下跌。而此时，美国政府也加强了对美元贬值的预期，为了使资本回流，希望日本当局保持低利率政策。于是在国内外两方面因素的影响下，日本当局搁置了对国内利率的调整，维持再贴现率 2.5% 的水平长达两年零三个月。

（2）货币政策

1987 年 2 月日本政府将公定贴现率降至 2.5% 之后，一直维持着低利率水平不变。

（3）结果

长期低利率下日本国内资本市场过热，股市和房地产市场大涨，人们对日本资本市场预期更加乐观，更多资产投入股市和房地产市场，使得资产价格飙升，而日本实体经济增长率不高，因而形成了经济泡沫。

3．1989 年 5 月—1990 年 8 月：货币政策迅速收紧

（1）背景原因

在长期宽松货币政策的影响下，日本经济持续高涨，

同时资产价格迅猛膨胀，物价开始上升，日本当局认为经济的泡沫化已到相当严重的程度，于是在 1989 年 5 月将再贴现率从 2.5% 上调到 3.25%，以遏制泡沫的继续膨胀，但事与愿违，房价和股价仍然上涨，通货膨胀也在加剧。日本当局加大了下调力度，在 1989 年后半年两次上调再贴现率，从 3.25% 提高到了 4.25%。但市场各部门在长期繁荣景象的熏陶下依然保持着乐观的预期，认为中央银行只是暂时提高利率。资产价格继续膨胀，日经指数于 12 月 29 日出现 38 915 日元的新高点。日本当局急于改变投资者的预期，以控制通货膨胀，于 1990 年初传出再次加大力度提高利率的消息，市场的风向这才开始转变。1990 年 3 月，日本当局将再贴现率提高至 5.25%，同年 8 月第五次提高再贴现率至 6% 的高点。连续大幅的紧缩措施实行后，股价、房价的暴跌程度远远超出了日本当局的预期，资产价值瞬间蒸发，股市和房市迅速崩溃，日本泡沫经济危机爆发。

（2）货币政策

1989 年 5 月：上调公定贴现率，从 2.5% 到 3.25%

1989 年 10 月：上调公定贴现率，从 3.25% 到 3.75%。

1989 年 12 月：上调公定贴现率，从 3.75% 到 4.25%。

1990 年 3 月：上调公定贴现率，从 4.25% 到 5.25%。

1990 年 8 月：上调公定贴现率，从 5.25% 到 6%。

（3）结果

国内投资者预期于 1990 年初才开始转变，使得在 1990 年 2 月到 4 月间日本发生了股票下跌、日元贬值和债券下跌的"三重下跌"。特别是 1990 年爆发海湾战争之后，原油和石油产品价格上涨，日本银行为了防止国内通货膨胀的发生，于 1990 年 8 月将中央银行贴现率提高到 6%。日本银行的决策立即反映到了市场上，从 1990 年 9 月开始，股市开始下滑。与此同时，房地产的泡沫经济也开始崩溃，东京、大阪等大城市的地价开始大幅下跌。尽管日本的大证券公司和大银行都拼命宣传股价将继续攀升与只要购买土地就可赚钱的"土地神话"，但泡沫经济还是迅速地崩溃了。

（4）财政与货币政策的影响

日本 20 世纪 80 年代后期宽松的货币政策受到国内均衡财政政策的制约，自身的回旋余地很小。

首先，从理论上看，20 世纪 80 年代受货币主义和新古典经济学的影响，财政政策的有效性常常受到怀疑。例如，根据 Mundell-Fleming 模型，在浮动汇率制下，金融政策有效，而财政政策是无效的。因为宽松的金融政策可以通过国内利率的下降，促进资本流出，使本币贬值，刺激出口。相反，扩张性的财政政策会产生挤出效应提高国内利率，促进资本流入，导致本币升值，抑制出口。

其次，财政政策的更为现实的制约是，日本于20世纪 80 年代为了解决以前积累的庞大财政赤字，提出了"重建财政"的口号，财政当局一直坚守紧缩的财政政策，国债余额对 GDP 之比，在 1986 年达到最高纪录（42.7%）之后持续下降，1990 年底为 38.1%。其结果是，金融机构的投资对象减少了，资金运用的竞争更加激烈，风险更大。

特别地，针对《广场协议》以后的日元升值，日本在宏观政策选择中企图单纯依靠金融政策进行调节，财政当局拘泥于均衡财政政策，使得货币政策的实施几乎没有任何回旋的余地。日本的民间部门已经出现了大量的储蓄过剩，应当运用财政政策予以适当吸收，而扩张性货币政策本身就是危险的。因此，对于 20 世纪 80 年代后期的日元升值，财政政策与金融政策的角色如果能够互换，或许可以避免出现大规模的资产价格膨胀。

拓展资料

《广场协议》的背景介绍

　　日本在第二次世界大战结束之后保持着数十年的经济高速增长，同时，日本政府也制订了贸易立国的战略，推动出口为导向的经济增长策略。表面上看，日本是高度贸易自由化的，然而日本的对外贸易开放具有明显的不对称性，较低的日元汇率水平以及国内市场的封闭性使得外国产品进入日本市场存在很大的壁垒。与此相对，日本的对外出口在数十年中大大加速发展，成为日本经济迅速发展的重要原因之一。以 1981—1985 年期间为例，日本经常项目的顺差约为 1 200 亿美元。由于日本对外贸易的大量顺差以及以日元计价资产需求的增加，在 1985 年《广场协议》签订之前，日本银行被迫频繁干预日元汇率来阻止日元升值。以上的各方面都对日元升值形成内在压力。

　　在美国，由于长期以来的对日巨额贸易逆差，美国政府和经济界广泛形成日本政府在压低汇率以便促进日本出口的论调。为了改变对日本的巨额贸易逆差，美国政府、学界和经济界也在研究讨论这一问题。1983 年 9 月，斯坦福大学爱滋拉索罗门博士和马克律师联合发表论文《日元 –

美元汇率的不完善性》，呼吁推行日元升值以及金融体制自由化。此后美国政府在 1984 年发表了《日元 – 美元委员会报告书》和《关于金融自由化、日元国际化的现状与展望》的报告，大力施压日本进行汇率制度改革。

同时，由于日本经济的持续快速发展，日本的经济地位在全世界不断提升，日元在国际结算上逐步得以采纳，而日本国内对经济发展形势也有着非常乐观的看法。基于这些因素，在当时日本政府内，也存在着推进日元国际化、进而增加日元在国际货币体系中的地位的呼声。

在此环境下，1985 年 9 月，美国、日本、西德、英国及法国五个国家，在纽约广场饭店召开了财长及央行行长会议，并在会议上达成了相关协议，史称《广场协议》。按照《广场协议》，日本采取入市干预的手段压低美元汇率，逐步引导日元升值。

五、泡沫破灭后的萧条时期（1991 年 7 月至 1999 年初）

第五时期又可以依据货币政策的不同分为两个不同部分。

1．1991 年 7 月—1995 年 8 月：转变其货币政策方向，实施扩张性货币政策

（1）背景原因。

泡沫经济破灭后，为了扩大国内需求，刺激经济复苏，日本银行从 1991 年 7 月开始再次实行宽松的货币政策，将再贴现率降到 5.5%。接着经过五次大幅度下调，再贴现率已于 1993 年 2 月降至泡沫经济时期的 2.5%。但利率的大幅下调没有起到缓和经济的作用，经济继续衰退，日本银行于 1993 年 9 月又将再贴现率降至 1.75%。此间经济有所回暖，但受到日元升值的影响，日本银行于 1995 年 4 月和 9 月再度两次下调利率，再贴现率降至 0.5% 的低水平。

（2）货币政策。

1991 年 7 月 11 日：公定贴现率下调至 5.5%。

1991 年 12 月 30 日：公定贴现率下调至 5%。

1992 年 4 月 1 日：公定贴现率下调至 4.5%。

1992 年 7 月 27 日：公定贴现率下调至 3.75%。

1993 年 2 月 4 日：公定贴现率下调至 2.5%。

1993 年 9 月 21 日：公定贴现率下调至 1.75%。

1995 年 4 月 14 日：公定贴现率下调至 1%。

1995 年 9 月 8 日：公定贴现率下调至 0.5%。

（3）结果。

以股价和地价为代表的资产价格的崩溃，使日本实际国内生产总值（GDP）增长率由 1990 年的 5.5% 骤然降至 1991 年的 2.9%。面对如此严重的经济衰退，日本银行果断实施了宽松货币政策，1991 年 7 月，再贴现率从 6% 降至 5.5%，到 1993 年 9 月降到 1.75% 时已经过了七次下调。但此举并未收到明显效果，经济增长率继续大幅下滑，1992 年为 0.4%，至 1994 年经济依然停滞不前，增长率仅为 0.6%。

（4）货币政策对财政政策的影响。

在最初面对泡沫经济破灭时，日本政府并没有给予重视，错误地认为这只是经济周期中正常的下行周期，只是暂时的，宏观经济很快就会从颓势中恢复过来，再次步入繁荣与高涨。因而日本政府并没有采取太多的经济刺激政策，而仅仅是调低了官定利率水平，希望可以刺激消费和投资，促进经济复苏。但是，出乎日本政府意料的是宏观经济各项指标并没有好转，反倒是持续下跌，经济颓势也是越发明显。同时国际上要求日本减少贸易顺差的呼声又高涨起来。面对内外双重压力，日本政府终于清醒过来，认清了所面临的严峻形势，再次实施大规模干预政策，财政扩张政策又再次被启用。

2．1995 年 9 月至 1999 年初：维持低利率阶段

（1）目的。

在这个时期，再贴现率一直被保持在 0.5% 的低水平，同时，日本银行开始调控隔夜拆借利率，这意味着隔夜拆借利率开始成为金融机构的利率导向。日本银行于 1998 年 9 月将隔夜拆借利率下调到 0.25%。日本实行低利率政策的目的是增加金融机构的贷款量，刺激投资需求，从而带动经济增长。

（2）货币政策。

此阶段日本的公定贴现率维持在 0.5%，隔夜拆借利率屡次下调。

1995 年 7 月 7 日：隔夜拆借率 1.0%。

1998 年 9 月 9 日：隔夜拆借率下调至 0.25%。

1999 年 2 月 12 日：隔夜拆借率下调至 0.15%。

1999 年 3 月 3 日：隔夜拆借率下调至 0.03%。

（3）结果。

以上措施效果甚微。低利率政策并没有达到增加银行贷款、带动投资最终刺激日本经济的作用，日本货币政策已濒临于"流动性陷阱"的边缘。桥本内阁实行紧缩性财

政政策，在减少政府支出的同时，又于 1997 年 4 月将消费税由 3% 上调至 5%，这严重影响了居民消费支出，加之同年北海道拓殖银行、山一证券等大型金融机构相继破产，日本陷入金融恐慌，GDP 增长率出现了的负增长，1997 年度、1998 年度分别为 – 0.1% 和 – 1.3%。

六、1999 年 2 月至 2000 年 8 月：零利率阶段

1. 实行零利率阶段

（1）目的。

为了进一步加强短期资金的流动性，降低信贷成本以刺激投资，从而解决经济负增长和不良债权的问题，日本加大了货币政策的扩张力度。日本政府借以零利率政策全面支持金融机构的短期资金需求，增强银行的信用，减少银行的借贷行为，降低人们的通货紧缩预期。

（2）货币政策。

经过 1999 年 2 月和 4 月两次下调，日本银行将隔夜拆借利率降到 0.03% 的超低水平，这表示金融机构的实际利率为零。

（3）作用机制。

一方面通过提供充足的资金，促使短期利率趋于零，以此影响市场预期，引导中长期利率下降，降低借贷成本和企业的债务负担，进一步扩大投资，支持经济增长；另一方面，通过公共资金向金融机构的注入，为脆弱的日本金融市场带来更大的流动性效应。从实际情况来看，零利率政策的实行对经济复苏起到了一定的积极作用。

（4）结果。

① 零利率政策达到了一定的效果。

日本经济从 1999 年开始复苏，2000 年经济增长率达到 2.3%。2000 年前两季度出口量分别增加了 38.8% 和 9.0%，投资也有明显的增长。

② 负面作用。

首先，日本银行实行零利率，便没有再度下调利率以刺激经济的空间。如果经济依然长期低迷，为遏制衰退，央行只能扩大货币发行量，这极易给通货膨胀带来空间。

其次，零利率使得企业融资成本接近于零，企业和个人将进行无节制贷款，这会增加银行的呆坏账，引发金融危机。

2．2000 年 8 月 11 日：结束零利率政策

（1）背景原因。

在经济有所好转后，日本银行认为，长期使用零利率政策会导致利率杠杆的效用完全丧失，不利于产业结构的调整和不良债权问题的解决。当前，经济发展不能继续依靠用于紧急情况的零利率政策了，解除零利率政策的条件已经成熟。2000 年 8 月，日本银行首次拒绝了政府的政策指令，将隔夜拆借利率调高至 0.25%。日本银行认为，此举是宽松货币政策在经济形势好转下进行的微调整，从长远看有助于经济的可持续发展。

（2）货币政策。

将隔夜拆借利率调高至 0.25%，结束零利率政策。

（3）结果。

出乎日本银行的预料，进入 2001 年后日本经济恢复的内外部环境非但没有好转，反而在明显恶化。物价指数降至 – 0.7，GDP 增长率到 2002 年降至 – 0.3%，日经平均股价跌破 13 000 日元大关，银行的自有资本损失剧增，企业设备投资减少。日本经济面临着同 1997 年亚洲金融危机前

颇为相似的状况，以不良债权为背景的金融不安再度趋强，
金融、经济危机再燃的可能性急剧高涨。

七、2001 年—2006 年：新货币政策措施的制定

1. 背景

2001 年后，日本经济再次衰退，2002 年 GDP 增长率降到 0.3%，日经指数跌破 13 000 日元。显然，零利率政策解除的效果没有达到日本银行的预期，情况反而恶化，通货紧缩形势更加严峻。日本银行于 2001 年 2 月将再贴现率降至 0.35% 水平，同年 3 月，为了避免通货紧缩，又将再贴现率降至 0.25%，同时，将隔夜拆借利率降至 0.15%。除了下调利率，日本银行还通过公开市场业务，向市场注入了大量的短期资金，以增加货币供应量，并增加了 1 万亿日元的活期存款，扩大了对长期国债的回购规模。在新货币政策的影响下，日本经济开始缓慢地复苏，从 2003 年到 2006 年，实际 GDP 的平均增长率为 1.8%。

2. 目　的

克服通货紧缩，刺激内需。

3．货币政策主要内容

（1）日本银行承诺持续向市场提供流动性，直到 CPI 稳定在非负水平。

（2）改变货币政策的中介指标和操作指标。日本银行将货币政策中介指标由利率改为货币供给量，将操作指标从银行间无担保隔夜拆借利率和再贴现率，转向商业银行在中央银行的经常账户余额，即金融机构存放在央行的准备金。

（3）日本银行以未清偿央行票据余额，即现金发行量为上限，购买金融机构持有的长期国债，通过这种方式提供流动性。

4．货币政策

（1）2001 年政策。

①　2001 年 2 月 9 日：将官方折现率（ODR）由 0.4% 降至 0.375%，并开始通过一种新的途径提供流动性。

②　2001 年 2 月 28 日：将银行间隔夜拆借利率由 0.25% 降至 0.125%，将官方折现率由 0.375% 降至 0.25%。

③　2001 年 3 月 19 日：开始实施量化宽松政策。日本银行将其在公开市场操作的目标由隔夜拆借利率转向商业银行在中央银行的准本金账户余额；日本银行承诺将维持

宽松的货币政策，直至核心消费者价格指数衡量的通货膨胀水平大于 0 为止；为了保证充足的流动性供给，日本银行将根据需要大量购入长期日本政府债券。

④ 2001 年 6 月 26 日：印发了《日本经济的宏观管理和结构性改革基本政策纲要》（Outline of Basic Policies for Macroeconomic Management and Structural Reform of the Japanese Economy）。

⑤ 2001 年 8 月 14 日：将商业银行在中央银行的准本金账户余额由 5 万亿日元提高至 6 万亿日元。

⑥ 2001 年：将商业银行在中央与银行的准备金账户余额提高至 6 万亿日元以上。

⑦ 2001 年 12 月 19 日：将商业银行在中央银行的准本金账户余额提高至 10 万亿～15 万亿日元。日本银行将增加其直接购买的长期国债，从目前的 6 000 亿日元每月提高至 8 000 亿日元每月。

（2）2002 年政策。

① 2002 年 9 月 18 日：开始实施资产购置计划。

② 2002 年 10 月 30 日：将商业银行在中央银行的准备金账户余额目标提高至 15 万亿～20 万亿日元，印发了《金融业振兴计划》。

（3）2003 年政策。

①　2003 年 3 月 5 日：从 4 月 1 日起将商业银行在中央银行的准备金账户余额目标提高至 17 万亿～22 万亿日元。

②　2003 年 4 月 30 日：将商业银行在中央银行的准备金账户余额目标提高至 22 万亿～27 万亿日元。

③　2003 年 5 月 20 日：将商业银行在中央银行的准备金账户余额目标提高至 27 万亿～20 万亿日元。

④　2003 年 10 月 10 日：将商业银行在中央银行的准备金账户余额目标提高至 32 万亿日元，做出将持续实施量化宽松货币政策的承诺。

（4）2004 年政策。

2004 年 1 月 20 日：将商业银行在中央银行的准备金账户余额目标提高至 30 万亿～35 万亿日元。

5．结　果

随着量化宽松货币政策的实施，通货紧缩状况得到缓解，物价水平逐步上升，CPI 终于摆脱了 7 年来的负值转为正数，于 2006 年上升至 0.30。随着通货紧缩的难关被渡过，宏观经济复苏势头良好。

八、2006 年—2008 年：结束量化宽松货币政策

1．背景原因

日本经济从 2005 年起出现了比较明显的起色，在海外经济扩张的有利环境下，日本出口大幅增长；同时在国内的需求方面，企业的固定投资也持续增长，旺盛的公司活动又推动了私人消费，经济增长的同时通货紧缩状况有所改善。2005 年日本的 GDP 增长率有 3 个季度超过 5%，引人注目，同时自 2005 年 11 月起核心物价指数 CPI 呈现微弱的正增长，截至 2006 年 2 月其增长率分别为 0.1%、0.1%、0.5%、0.4%，"特别是 2006 年 1 月日本核心物价指数较上年同期增加 0.5%，为近八年来最大年增幅"[①]。在经济已出现明显增长动力的情况下，继续实行目前这种宽松的货币政策将有可能导致股市及房地产泡沫，并引发通货膨胀，因此日本银行才决心采取行动结束宽松的货币政策。

2．货币政策

（1）2006 年 3 月 9 日：结束量化宽松货币政策。

日本银行表示考虑到宽松货币政策对目前日本经济和

---

① 出自日本总务局报告。

物价的影响主要是短期利率为零造成的，央行会将隔夜拆借利率暂时维持在零水平附近，然后根据经济活动和物价的发展进行调整，同时逐渐回收金融系统中的超额资金，用几个月的时间将准备金活期账户余额从目前的 30 万亿～35 万亿日元减少到法定的 6 万亿日元左右。

同时，日本银行还宣布设立通货膨胀参考目标区间，即将核心消费者物价指数控制在 0～2% 之间作为货币政策的参考目标。

2006 年 7 月，日本央行突破零利率，但加息基点只有 25 个，即基准利率提高至 0.25%。

（2）2007 年。

2007 年 2 月 21 日，日本央行把基准利率从 0.25% 提高至 0.5%，实现自 2006 年 7 月以来的首次加息。

九、2008 年—2012 年：广泛性宽松货币政策

1．背　景

经历了大规模国内经济危机的日本，于 2006 年结束了长达 6 年的量化宽松货币政策，各项经济指标开始恢复。

但是在复苏的经济背后一场更加残酷的全球性金融危机正在慢慢酝酿。2007 年美国次贷危机开始显露，次年 9 月急剧恶化的金融形势演变成一场全球性金融危机，导致全球货币市场和信贷市场流动性枯竭，股价大幅跌落，银行等金融机构的信贷资产损失尤其巨大，世界经济陷入了第二次世界大战后最为严重的衰退期。日本国内经济受到殃及，金融机构收益锐减，企业的融资环境又一次遭遇寒冰。对于经济恢复初期的日本来说，这场全球性金融危机必然成为又一次沉重打击。

2007 年底日本的 GDP 增长率出现接近零的情况，2009 年日本国内 GDP 增长率更是出现了自 1961 年以来的最低水平 – 5.53%，同期世界平均 GDP 增长率水平高于日本。

2．货币政策

（1）2008 年 10 月 31 日。

将银行间隔夜拆借利率目标下调至 0.3%。

（2）2008 年 12 月 19 日。

将银行间隔夜拆借利率下调至 0.1%。

（3）2010 年 3 月 17 日。

将银行间隔夜拆借利率目标维持在 0.1%，准备实施固定利息担保资金供给计划。

（4）2010 年 8 月 30 日。

将银行间隔夜拆借利率目标维持在 0.1%，实施 6 个月的固定利息担保资金供给计划，以降低长期利率。

（5）2010 年 10 月 28 日。

① 继续维持零利率水平，将银行间无担保隔夜拆借利率降至 0 ~ 0.1% 水平。

② 发放大量低息贷款。

③ 决定创立 35 万亿日元基金用于购买各类资产，其中 30 万亿日元用于向金融机构提供固定利率资金（再贷款），5 万亿日元用于购买日本政府债券、企业债券和商业票据等资产。

其中资产余额大幅增长，主要是由于日本银行为应对金融危机、地震等灾害，以增持资产的方式向市场大量投放资金。在市场投放的大量资金中，日本政府债券和贷款分列日本银行的第一、第二大资产项目。负债与资产同步大幅增长，负债以流通中的货币、活期存款为主。

（6）2011 年政策。

① 继续维持零利率水平，将银行间无担保隔夜拆借利率保持在 0 ~ 0.1% 的区间。

② 扩大资产购买计划规模，累计增加购买额度 35 万亿日元，同时将资产购买截止时间推迟至 2012 年底。

③ 增加"增长支持基金工具"的贷款品种和规模，同时将贷款申请的截止时间推迟至 2014 年 3 月 31 日；推行"股权与非房地产资产抵押贷款"。

④ 新增"援助灾区金融机构贷款"，宣布向地震灾区营业的金融机构提供总额为 1 万亿日元、利率为 0.1% 的低息贷款，并放宽灾区公司贷款抵押品的合格标准，以支持灾后重建。

⑤ 在原先与美联储的美元货币互换协议基础上，增加与加拿大银行、英国银行、欧洲中央银行、瑞士国家银行的双边货币互换协议。

（7）2012 年政策。

① 2 月 14 日：将资产购置计划的规模提高至 60 万亿日元。将长期国债的购置规模由 9 万亿日元提高至 29 万亿日元。

② 3 月 27 日：将资产购置计划的规模提高至 65 万亿日元。将长期国债的购置规模由 19 万亿日元提高至 29 万亿日元；将固定利息担保资金供给计划的规模由 35 万亿日元缩减至 30 万亿日元。

③ 7 月 12 日：将资产购置计划的规模提高至 70 万亿日元。

④ 9 月 19 日（扩大规模并延长期限）：将资产购置计划的规模提高至 80 万亿日元。购买短期国债和长期国债各 5 万亿日元。取消日本银行购买长期国债和公司债的利率下限（年利率 0.1%）。政策实施期限延长半年，由此前的 2013 年 6 月延长至同年 12 月。

⑤ 10 月 30 日（向金融机构提供充足的流动性）：将资产购置计划的规模提高至 91 万亿日元。购买短期国债和长期国债各 5 万亿日元。购买风险较高的交易型开放性指数基金（ETF）5 000 亿日元，购买公司债券 3 000 亿日元，购买商业票据（CP）1 000 亿日元。通货目标设定为 1%。

⑥ 12 月 20 日（讨论调高通胀目标）：将资产购置计划的规模提高至 101 万亿日元。购买短期国债和长期国债各 5 万亿日元。2013 年 1 月份金融政策会议上探讨是否将现阶段通胀目标提高至 2%。

3．效　果

2008 年，在全球性金融危机严重冲击日本经济之际，日本银行于 10 月、12 月先后两次下调银行间隔夜拆借利率至 0.1% 的水平，使日本时隔 3 年之后重返"零利率"时代。短期内，零利率政策固然可以通过资产价格的下降来刺激彼时的信贷市场，可是当日本遭遇突发事件需对经济提振时，货币政策的效力就要受到影响，除了日本银行几无降息空间、限制货币政策继续调控经济外，更重要的是，在如此超低利率水平上，私人部门持币机会成本几乎为零，使其产生强烈的投机动机，货币需求迅速膨胀，日本银行为刺激经济复苏而增投的货币数量被无限扩张的投机需求所稀释，难以对实体经济产生作用，日本经济面临超低利率水平下的流动性陷阱风险。

4．货币政策对财政政策的影响

与西方发达国家相比，日本中央银行——日本银行的独立性并不太高，远低于欧洲央行和以独立性强著称的美联储。由此之故，日本银行的政策实施依附于政府的公共财政，财政政策似乎承载着调控日本经济的重任，两者的搭配具有明显的"强财政、弱货币"特征。

"强财政、弱货币"政策组合可能弱化政府对赤字财政的约束。当国内经济陷于深度衰退时，扩张性财政政策是政府必然的政策选择，由此引发赤字和债务高企，政府可以通过从央行融资——即赤字货币化的形式将财政压力进行转嫁。在某种意义上，赤字货币化成了债务规模扩张的"罪魁祸首"。事实上，财政扩张本身并不必然导致货币扩张，但它一旦与货币政策结合，财政扩张也就转变成货币扩张。在"强财政、弱货币"组合中，货币政策处于从属地位，有可能为适应公共财政变化而"被动"地扩张和收缩。日本银行轻易增加购买长期国债的额度，将会扰乱日本财政秩序，有"给财政赤字善后"的嫌疑。

第三阶段：

日本经济金融改革正在进行中，内外部的影响与压力互相作用的时期

十、2013 年至今：质化量化宽松货币政策

1. 背 景

2012 年 9 月、12 月，美联储相继推出第三轮和第四轮

量化宽松政策，欧洲央行实施直接货币交易（OMT），英国、澳大利亚等央行也纷纷采取各种放松货币政策，日本银行迫于压力，跟进采取放松货币政策措施。

日本国内连续两个季度出现经济萎缩，这是经济衰退的标志。2012 年 12 月 26 日安倍晋三第二次当选日本首相。安倍晋三当选首相伊始，就把摆脱通货紧缩、实现经济增长置于其要务的重中之重、核中之核，提出了以更为灵活的财政政策、极为宽松的货币政策以及经济成长战略为核心的"安倍经济学"。"安倍经济学"极为引人注目的是其量化宽松货币政策。在早前的竞选中，安倍晋三就把"年间 2% 的物价增长率"作为政权公约提出，而要实现这一目标，必须实施更为大胆的宽松货币政策，以此来矫正日元升值，摆脱通货紧缩。

2．政策内容

（1）继续实施零利率政策。日本央行宣布，在推出更为大胆的超宽松的货币政策时，继续实施零利率政策。实际上，日本在 1999 年 2 月就提出 "提供更多资金，实施更低的无担保隔夜利率"，即零利率政策，2000 年曾一度解除，但由于从 2001 年 3 月采取了"量化宽松政策"，从

而又回归到 零利率政策，一直至今。此次日本央行行长黑田东彦将量化宽松政策和零利率政策相结合，使金融政策在量与质两方面都超越其前任白川方明。

（2）实施更为大胆、更为激进的量化宽松政策。决定 2 年之内基础货币投放量要增加 2 倍，基础货币投放量将由 2012 年末的 138 万亿日元增加到 2013 年末的 200 万亿日元，到 2014 年末将增加到 270 万亿日元，每年平均投放增加量将达到 60 万亿 ~ 70 万亿日元。从货币增速看，2011 年日本基础货币的增长率为 15.7%，虽然 2012 年日本基础货币增长仅为 7.0%，但从第二季度开始，增长加快，在白川方明最后任期的 2013 年第一季度，货币增速已达 15.2%。到黑田东彦继任的第二季度，持续量化宽松态势已经形成，货币增速倍增，已达 30.2%，与总量增长相一致。

（3）大幅度增加长期国债等金融资产的购入量并实现国债持有期限的长期化。2 年之内，日本央行长期国债持有数量增加 2 倍。2012 年末，日本央行持有的长期国债为 89 万亿日元，2013 年增加到 140 万亿日元，到 2014 年末增加到 190 万亿日元，实现国债购入数量的倍增，月均购入长期国债数量达到 7 万亿日元。同时，长期国债的持有期限也由 3 年延长至 7 年乃至更长期限。

3．政　策

（1）2013 年 1 月 20 日。

调整通货膨胀目标，将核心消费者价格指数的目标定位为 2%；日本从 2014 年 1 月起实施新的资产购置计划，该计划不设总额度限制和结束期限。

（2）2013 年 4 月 4 日。

黑田东彦在出任日本银行新任行长后，推出了"量化和质化的货币宽松政策"。该政策旨在 2 年内尽早实现 2% 的通胀目标。

① 将货币市场操作的主要目标由无抵押隔夜拆借利率转向基础货币。

② 计划每年增加基础货币 60 万亿～70 万亿日元，日本政府债券（JGBs）、与指数挂钩的交易所交易基金（ETFs）和日本房地产依托基金（J-REITs）每年的购买量分别提至 50 万亿日元、1 万亿日元和 300 亿日元，特别是要加大长期政府债券的购买力度，将其平均剩余期限延长一倍以上。

③ 继续维持"零利率"水平，将银行间无担保隔夜拆借利率保持在 0～0.1% 的区间。

④ 实施"质化量化宽松政策（QQE）"。

（3）2013 年 4 月 4 日。

日本银行决定将货币市场操作的主要目标从无担保隔夜拆借利率改为基础货币，计划在 2013、2014 年，通过大量购买 JGBs、ETFs、J-REITs 等多种资产，每年增加 60 万亿～70 万亿日元的基础货币。

（4）2013 年 5 月 22 日。

决定进一步加大对商业票据（CP）、公司债券（CB）的购买，使其 2013 年末余额分别达到 2.2 万亿、3.2 万亿日元。

（5）2014 年 2 月 18 日。

日本银行宣布将刺激银行信贷工具、增长支持基金工具和援助灾区金融机构贷款的期限延长一年，并将前两项工具的规模增加 1 倍，其中：刺激银行信贷工具发放的贷款金额可以达到金融机构贷款净增量的 2 倍；增长支持基金工具的规模增加至 7 万亿日元，对单个金融机构的信贷支持上限增加至 1 万亿日元。对于在刺激银行信贷工具、增长支持基金工具下增加贷款的金融机构，日本银行还将提供期限长达四年、利率 0.1% 的低成本资金。

（6）2016 年 1 月 29 日。

日本银行意外宣布使用负利率，将引入三级利率体系，

将金融机构存放在日本央行的部分超额准备金存款利率从
之前的 0.1% 降至 - 0.1%，相当于对金融机构未来新增的超
额准备金处以"罚金"，以鼓励金融机构借出更多资金。日
本央行还表示如有必要将进一步降低负利率。

日本央行政策委员会以 5：4 投票比例通过该决定，从
2 月 16 日开始实施。同时以 8：1 的比例维持货币基础年
增幅 80 万亿日元的计划。

日本银行还延长了 2% 的通胀目标实现时间，改为
2017 财年实现 2%通胀目标，此前计划为 2016 财年下半年
实现目标。2015 财年核心 CPI 升幅预期为 0.1%。下调 2016
—2017 财年的核心 CPI 预期至 0.8%，此前预期为 1.4%。
维持 2017—2018 财年核心 CPI 预期为 1.8% 不变。

GDP 预期方面，日本银行下调 2015—2016 财年实际
GDP 预期至 1.1%，此前预期为 1.2%。上调 2016—2017
财年实际 GDP 预期至 1.5%，此前预期为 1.4%。维持 2017
—2018 财年实际 GDP 预期为 0.3% 不变。

日本经济继续以适度的态势恢复，而在消费税上调之
前，随着需求下降的影响，消费税的上涨已经逐渐减弱。
海外经济体、主要发达经济体已经恢复，尽管有一部分仍
然表现平平。在这种情况下，出口已出现回升迹象。随着

企业利润的增长，企业固定投资已出现一个温和增长的趋势。公共投资在一个较高的水平上。私人消费一直保持弹性，随着就业和收入状况稳步改善的趋势而变化，在需求下降后，前期的增加已逐渐减弱。住房投资继续下降，到达底部。在国内外需求发展的背景下，工业生产已经走出谷底，部分原因是库存调整有所进展，和金融条件的宽松。在价格方面，居民消费价格指数同比增长率，不包括消费税上调的直接影响。

（7）总结。

日本在近年实施负利率的正面效果主要在于促进投资和消费，还会促使日元贬值。如果负利率在金融市场扩大，借款人将从中受益，因此有助于带动设备投资和购房需求。对于拥有巨额借款的国家财政而言也是一件好事，同时还有望刺激个人消费。

但是负利率的负面效果也非常大，其缺点在于首先将挤压以赚取利率收入作为主业的金融机构的收益。如果在向融资对象支付利率的同时，无法使存款利率进一步变为负数，将出现负利差。

日本的经济问题已是多年的顽固结构化问题，其解绝非一朝一夕能够达成。日本需要继续维持宽松的货币政策和扩张性的财政政策，并一点一滴的解决结构化残留问题，才有望得到更新发展。

十一、日本货币政策关键词小结

1945—1955 年：经济起飞准备，通货膨胀，货币紧缩，超平衡预算。

1955—1973 年：经济起飞，高速增长，促进经济，宽松政策。

1974—1984 年：安定成长，物价上升，紧缩。

1986—1990 年：泡沫经济，日元升值，泡沫危机。

1991—1995 年：十年萧条，刺激经济，宽松政策，下调再贴现率。

1995—1999 年：维持低利率，从而增加贷款量，自己投资。

1999—2000 年：零利率阶段，又加大扩张力度。

2000 年：结束零利率。

2001—2006 年：新货币政策，克服通胀紧缩，扩张性政策。

2008—2012 年：广泛性宽松政策。

2013 至今：质化量化宽松货币。

十二、日本财政政策关键词小结

1955—1960 年：平衡预算下扩张性。

1961—1965 年：平衡预算下扩张性。

1966—1970 年：放弃平衡预算，扩大总需求，财政规模增加趋势放缓。

1969—1973 年：扩张性财政政策。

1974—1979 年：由紧缩变扩张。

1980—1990 年：重建财政。

1991—1996 年：泡沫经济崩溃，扩张性。

1996—1997 年：认为走出萧条，紧缩性。

1998—2000 年：东亚金融危机，扩张性。

2001—2005 年：财政风险，变为紧缩。

2006—2011 年：全球金融危机，扩张性。

2013—2015 年："安倍经济学"，机动的财政政策。

第二节　日本泡沫经济的起因发展与破灭 以及应对教训

　　1985 年《广场协议》签订后，日本资本市场和房地产市场在短短数年间快速催生了巨大的经济泡沫。1990 年前后日本股市泡沫率先破裂，但在相当长一段时间内，日本政府和权威机构认为资本市场价格的下跌对经济活动影响很小，因而日本政府的救助行动十分迟缓，且改革力度不足，最终酿成了经济泡沫全面破裂，陷入所谓"失去的二十年"。日本经济社会转型和国际化加速过程中的经济泡沫应对始末对包括中国在内的新兴和转轨经济体具有一定启示和借鉴意义，其经验和教训在于应提前预警泡沫化风险、有效避免泡沫急速破灭。而一旦危机发生，就必须快速有力、符合逻辑地加以应对，尽快恢复市场信心、维护金融市场稳定，同步加大改革力度，促进投资、消费和经济可持续发展。

一、日本经济泡沫的形成与破灭

1．日本经济泡沫的形成

日本经济泡沫形成主要有以下几方面原因。

《广场协议》签订后日元大幅升值。1985 年 9 月 22 日，美国、日本、西德、英国及法国五个国家在纽约广场饭店召开了财长及央行行长会议，并在会议上达成了一系列相关协议，史称《广场协议》。按照《广场协议》，日本采取入市干预的手段压低美元汇率，逐步引导日元升值。在《广场协议》签订之后的五年间，日元对美元的累计升值幅度超过了 80%。

日本股市和房地产泡沫化。《广场协议》签订后的五年中，金融企业的收支与资产即使以美元计价时也出现前所未有的大幅增加。在此情况下，日本央行为了应对日元升值，长期维持宽松的货币政策，持续的低利率和币值上升导致大量资金涌入房地产和股市，出现严重的资产价格泡沫化问题。日经指数从 1985 年到 1989 年底月上涨了三倍以上，一些从来没有接触过股票的人也参与了股票交易，大众炒股一时间蔚然成风。日本地价指数从 20 世纪 80 年代后期至 1990 年期间，上涨了 4 倍。

日本金融业发展与实体经济脱节。日本金融业在 80 年代发展迅速，金融业发展速度远超实体经济，1979 年至 1989 年日本的融资额增长了 3.2 倍，同期 GDP 仅增长了 1.8 倍。在 20 世纪 80 年代末期，利润前 10 名的企业中，超过一半是金融机构，而在 20 世纪 70 年代末期，尚无一家金融公司的利润排进前 10 名。造成这一现象的原因主要是在此期间日本的金融资产大幅升值，股票、楼市等的投资收益大幅增加。

日本金融体系风险不断积累。随着日本资本市场的迅速发展，大企业纷纷转向依靠资本市场进行直接融资，银行遇到了之前没有的挑战，转型却十分缓慢，面临严重的生存压力和经营危机。面对这种情况，商业银行将目光转向实际资金需求不大且风险较高的中小企业、房地产企业和个人，增加对非制造业、家庭和中小企业的贷款，尤其增加了对房地产和个人的融资。高风险的融资大量向投机性强的股票和房地产转移，使得日本的银行体系积累了巨量的潜在不良贷款风险。

2. 日本经济泡沫的破灭

紧缩政策急速引发泡沫破灭。在经济泡沫时代，日本的经济增长率非常高，但为了避免日元持续快速升值进而影响整体经济，日本政府一直把利率维持在很低的水平。到1989 年，针对经济过热和严重的资产价格泡沫，为了给经济降温并挤破泡沫，日本央行的货币政策突然收缩，利率在1989 年 5 月从 2.5% 提高到 3.25%，之后日本银行连续五次加息，到 1990 年 8 月利率已升高至 6.0%。同时，1990 年初大藏省开始对房地产融资进行总量控制，导致 1990 年前后日本经济泡沫全面、快速崩盘。在 1990 年之后很长一段时间，日本央行和大藏省仍然在推行挤泡沫的政策，使得金融市场雪上加霜，给经济金融系统带来长期性的后果。

从股价等数据上来看，日经指数从 1989 年 12 月末的38 915 点的历史高位急速回落，1990 年 4 月急剧降至28 000 点，1991 年中降至 20 000 点左右，1992 年 8 月进一步跌至 14 000 点左右，与最高点相比下降了 60%（如图1-1 所示）。股价整体暴跌之后，房价亦开始下跌。在 1991年 7 月至 1992 年 7 月的一年内，日本房价下降了 25% 以上，在 1992 年之后的几年间年均下跌达 15% 以上，随后房价疲软趋势又持续了十数年之久。

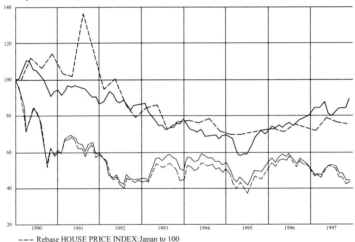

数据来源：汤森路透

图 1-1　日本股价指数、地价、汇率变动（1990—1997 年）

　　泡沫破灭后风险迅速传递到日本金融与经济体系。日本的金融机构和实体企业深度参与股市、楼市投机活动，因而股市和楼市一旦出现动荡立即对金融机构与实体企业产生了直接而广泛的影响，这反过来进一步加剧了日本金融市场的危机。在 1991 年股市、1992 年房地产等资产泡沫破裂以后，金融机构的信用不安全影响着整个金融市场。从 20 世纪 90 年代中期开始，日产生命、三洋证券、山一证券、北海道拓殖银行和日本长期信用银行等大型金融机构纷纷破产，日本出现了一系列战后从未有过的金融机构挤兑风波和倒闭风潮。

进入 20 世纪 90 年代以后，日本内部增长的潜力和空间已不复当年，而经济泡沫的破灭不仅使银行的不良债权急剧增加，也使金融机构的信用创造严重受损。经济泡沫的破灭还给民众带来巨大的金融资产损失，严重影响了消费。因而在遭受泡沫破灭的打击后，日本经济很快陷入旷日持久的大衰退中。

日本经济陷入"失去的二十年"。以 1990 年经济泡沫破灭为转折点，日本经济开始大幅下滑，陷入了长达二十年的经济低迷时期，即所谓"失去的二十年"。从宏观经济指标上看，1992—1998 年实际 GDP 年均增长率接近零，其中，1992 年开始至 1994 年连续三个年度经济零增长，1997 年和 1998 年连续两个年度则出现了战后最糟的负增长。1992 年日本的名义 GDP 是 480 万亿日元左右，而 2013 年日本的名义 GDP 则为 478 万亿日元左右，二十年间，日本名义 GDP 的规模并没有扩大，甚至在某些年份日本 GDP 的规模略有缩小。在股市方面，1989 年 12 月 29 日，日经平均指数达到创纪录的 38 915.87 点，时至近年，日经指数也只有 20 000 点左右。

二、日本经济泡沫破灭的应对与教训

1．日本对经济泡沫及破灭的应对

面对经济泡沫破灭，一方面日本央行和政府没有采取强有力的干预措施。日本央行认为资产价格的涨跌对经济造成的影响很小，仅采取了力度很小的低利率政策，并未对金融市场实施有效的应对措施。日本政府发布的 1991 年度和 1992 年度《日本经济财政白皮书》认为日本金融市场仍会自动反弹，称资本价格的下落对社会经济活动等造成的影响有限。

另一方面，日本政府担心如果对市场干预力度过大，将造成流动性过剩和通货膨胀压力，从而引发新一轮的经济过热和资产泡沫化。因而，1992 年的日本股市再次下跌之际，日本政府因为担心再度出现房价泡沫反而加征了房地产税，致使房地产价格急剧下跌，对已经十分脆弱的金融市场造成了致命打击。

是进行流动性救助，还是继续抑制资产泡沫，日本各界对此一直争论不休，直到 1997 年东南亚金融危机后，以桥本龙太郎为首相的日本政府才对金融政策做出根本性的改变（见表 1-1），成立新的金融监管机构，即日本金融厅，来接管大藏省等的金融监管职能，开始实施全面的金融体系改革，即所谓的"东京金融大爆炸"。此轮金融改革在对金融体系的功能进行更为集中化的重塑的同时，也更清晰地对金融功能进行了分区化管理，包括严格限制商业银行直接从事证券业务等。

表 1-1　日本经济泡沫破灭后的应对措施

日本经济泡沫破灭后的措施	
1995 年以前	日本政府按照传统的危机处理方式来被动解决金融机构出现的问题，重新转向扩张性的货币政策，连续降低利率（在随后"失去的十年"中，利率降低到零）
1997 年以后	成立专门的金融机构，完善金融体系
1998 年 6 月	成立新的金融监管机构——日本金融厅，接管大藏省的监管职能
1998 年 10 月	通过了以金融机构破产处理为核心的《金融再生法案》和以事前防范金融危机为目的的《金融健全化法案》，透过入股方式进行暂时性融资
1998 年 10 月	基于《金融再生法案》，日本政府对日本长期信用银行与日本债券信用银行实施了暂时国有化。存款保险机构收购两家机构的全部股票，继续维持经营

2．日本应对经济泡沫破灭的教训

事后看来，日本在应对经济泡沫的急剧破裂及金融经济危机方面存在着行动迟缓、包袱沉重、财政刺激空间有限、经济转型缓慢等问题。而一味降低利率、实施宽松货币政策则使日本最终陷入"流动性陷阱"之中。

在整个危机应对中，主要存在以下几方面问题。

其一，系统性的早期预警不够，应对危机时也未能做到及时有力。翁邦雄、白川方明、白塚重典[1]指出，维持金融体系稳定，避免发生过度的经济泡沫至关重要，这需要提早对潜在危机做出应对。经济泡沫不是一夜之间就爆发的，而是不断积累形成的，等到泡沫已经凸显再作对应为时已晚，重要的是维护金融体系的稳定和对风险进行早期应对。因此不仅需要构建对金融体系做出整体性判断的体制，在微观层面还需要对金融机构个体建立有效的预警机制。此外，不发生过度的经济泡沫当然重要，而一旦发生经济泡沫，则需要进行软着陆的措施，急剧的金融紧缩政策所产生的副作用极大。日本央行在 20 世纪 80 年代末所

---

[1] 翁邦雄，白川方明，白塚重典. 資産価格バブルと金融政策：1980 年代後半の日本の経験とその教訓，金融研究，日本銀行金融研究所，2000 年 12 月.

施行的利率急剧跳升和增加房地产税的措施所造成的严重后果，不仅导致了金融泡沫破灭，也直接导致了经济的"硬着陆"。由此，金融政策不可单兵突进，需渐进地推进金融自由化，并以市场为导向增加新的收益领域机会，逐步推进金融市场和机构的市场化转型。

其二，没有尽早消化处理银行不良债权，影响了金融体系的运转机制。翁邦雄[①]等指出，日本央行等没有深刻认识到银行不良债权问题，没有提早进行消化处理，使得金融市场变得紊乱无序。资产泡沫破灭后，在长达六、七年的时间里，日本政府都未能有效地降低银行坏账，银行的不良贷款额反而在 1998 年之后仍在大幅增加，这给金融市场的复苏带来了沉重的打击。

其三，财政政策可持续的刺激空间有限，提振整体经济的能力不足。日本在 20 世纪 70 年代推进"日本列岛改造"计划，大量政府资金投向了公共事业，至 20 世纪 90 年代初期，日本政府投资项目已经大为萎缩，长期处于严重的财政赤字状态，这大大限制了日本政府

---

① 翁邦雄，白川方明，白塚重典. 資産価格バブルと金融政策：1980年代後半の日本の経験とその教訓,金融研究,日本銀行金融研究所，2000 年 12 月.

推出新的财政刺激政策的空间。面对巨额财政赤字压力，日本在 20 世纪 90 年代中期反而实行了较长时间的财政紧缩政策。日本的公共投资对 GDP 增长的贡献从 1992 年的 1.11% 下降到 1994 年的负增长，1995 年又回升至 0.63%，之后是连年负增长。

其四，长期低利率政策产生流动性陷阱，加剧经济恶性循环。日本经济泡沫破灭后日本政府为挽救金融市场以及刺激经济，又急速地连续下调利率，使得在 90 年代中期形成了零利率时代，即使货币供给量增加，利率也不可能降低，造成了"流动性陷阱"。这样的货币政策已经无法发挥独立自主的刺激经济的作用，利率下降和货币投放并没有带动投资的增加，住宅和设备投资增长速度均下降明显，日本国内消费也呈现不断下降的趋势。日本在 1991 年之后一直处于通货紧缩状态中，货币政策传导的有效性被大大削弱，不能推动生产、消费的增加，日本经济复苏十分缓慢。

其五，受制于日本政治经济框架，日本金融机构错过了经济转型机会。白塚重典[1]等指出，日本国内的政治经济

---

① 翁邦雄，白川方明，白塚重典. 資産価格バブルと金融政策：1980年代後半の日本の経験とその教訓，金融研究，日本銀行金融研究所，2000 年 12 月.

框架不能适应日益扩大的国际竞争，金融机构拘泥于传统的业务范围，在经济泡沫期也没有进行应有的转型。经济泡沫期间金融市场繁荣的表象反而推迟了金融机构进行转型的良好时机，在经济泡沫破灭后，日本金融机构的国际竞争力不足的问题马上显露了出来。

三、日本经济泡沫破灭及危机救助的启示

通过对日本经济泡沫破灭的应对做法及经验教训的分析，可以认识到在金融危机时政府救助是必须的，但是方式、时机和力度往往是决定成败的关键因素，具体有以下几点启示。

一是高度重视系统性风险预警机制建设。从日本经济泡沫破灭时的教训可以得出维持金融体系安定性非常重要，要重视对经济及金融市场泡沫化程度的监测和控制，避免发生过度的经济泡沫，但要避免刺破泡沫而采取过度紧缩政策。

二是一旦金融危机发生后，应迅速有力地应对，快速恢复金融市场信心和流动性，不能犹豫不决，也不能久拖

不决。要重视维护市场参与者的信心，确保金融机构的流动性，确保券商、银行等金融机构的机能，维持金融市场的信心与稳定。

三是要应提早处理金融机构的坏账问题。应避免坏账积累影响金融体系的良性运转并加剧金融资源的错误配置。必要时提供及时有效的融资，为维护银行机能的平稳运行提供支持，避免金融风险扩散到银行体系。

四是流动性陷阱会使货币政策传导机制失灵，在经济转型过程中需要高度重视。在利率政策上，应充分考虑下调利率措施的边际效应，维持利率稳定，避免长期低利率政策引发流动性陷阱问题，导致货币政策传导失灵，进入恶性循环。

五是股市是宏观经济金融层面中的一个环节，是经济金融结构和质量的一个外在表现，股市反应通常会提前 6 个月以上，需重视股市变化背景中经济金融的整体风险。

第三节 货币宽松政策的"天花板" ——日央行入市及市场影响

1991 年日本资产泡沫破灭，股市、房地产双双遭遇重挫，此后 GDP 增速和通膨率逼近负值。应对此种状况，日本开始了激进的量化宽松政策，年复一年地扩大央行资产负债表。2008 年全球金融危机后，日本央行的表现更趋激进，安倍晋三上台后日本央行加大了直接购买证券的力度。日本这一选择，充满颇多无奈，亦多有质疑。在全球货币宽松转向之际，日本将何去何从？又将带给我们什么样的启示？本节将进行探讨。

一、日本央行逐步加码的货币宽松政策

日本银行货币经济研究所将量化宽松（Quantitative Easing，QE）分为全面宽松（Comprehensive easing，CE）和纯量化宽松（Pure，QE）。全面宽松即央行通过扩大购买资产种类，精准扶持某类经济活动或主体，比如购买 ETF

就直接支持了上市公司融资,为上市公司企业扩大再生产提供了资金支持。纯量化宽松指央行通过购买政府债券增加基础货币供给,间接影响一系列金融资产估值,从而达到刺激经济等目的。在操作中,日本央行实际上是混合使用了两种量化宽松方式,执行不同政策的时间划分也较为模糊。为了便于分析,本书把日本量化宽松政策大体分为三个阶段(见表 1-2)。

表 1-2　三个阶段的 QE 政策对比

	第一阶段 QE	第二阶段 QE	第三阶段 QE
执行日期	2001—2006 年	2008—2012 年	2013 年至今
政策工具	央行存款准备金余额,从 5 万亿日元增至 35 万亿日元	同业隔夜拆借利率维持在 0 ~ 0.1%	基础货币扩充两倍至 2014 年 270 万亿日元
通胀目标	政策维持到 CPI 企稳	政策维持到 CPI 超过 1%	政策维持到 CPI 稳定到达 2%
政府债券购买规模	2002 年末余额 50 万亿日元	2012 年增加 23 万亿日元,2012 年末余额 289 万亿日元	从 2013 年开始每年增加 50 万亿日元,计划 2014 年余额到达 190 万日元
政府债券每月购买规模	1.2 万亿日元	约 4 万亿日元	超过 7 万亿日元
政府债券剩余期限	1 ~ 2 年	3 年	3 ~ 7 年

续表

	第一阶段 QE	第二阶段 QE	第三阶段 QE
ETFs 购买规模	无	2012 年末余额 1.5 万亿日元，2013 年末余额 2.1 万亿日元	2013 年末余额 2.5 万亿日元，2014 年末余额 3.5 万亿日元
J-REIT 购买规模	无	2012 年末 1 100 亿日元，2013 年末 1 200 亿日元	2013 年末 1 400 亿日元，2014 年末 1 700 亿日元

1．第一阶段

全球信息技术泡沫和日本资产泡沫破灭后，日本自 2001 年到 2006 年实行"量化宽松政策(Quantitative Easing Policy)"，这也是各国央行后来纷纷效仿的 QE 原型。内容有三：一是日本央行关注点从短期利率转移到了商业银行在央行存款准备金的调节，经 5 年将额度逐渐从 5 万亿日元增长至 35 万亿日元；二是向市场发出明确通胀政策信号从而稳定市场预期，并向银行提供大量流动性直到通胀率回升；三是增加政府长期债券的购买，从 2001 年每月购买金额 4 000 亿日元增加至 2002 年底的 1.2 万亿日元。值得一提的是，这次 QE 在 2006 年成功退出，促进了日本经济阶段性复苏。

2．第二阶段

2008 年全球金融危机后，日本央行于 2008 年 12 月至 2012 年重新启动了全面货币宽松政策（Comprehensive Monetary Easing），2010 年 10 月日本央行专门设立"资产购买计划（Asset Purchase Program）"。内容有三：一是明确对市场发出 1% 左右的通货膨胀目标，稳定预期；二是提高了每月购买政府债券的规模，其中 2012 年全年新增 23 万亿日元，年底余额增至 89 万亿日元；三是逐步扩大购买资产的范围，主要包括政府债券、国库券、商业票据、公司债券、ETFs、J-REITS、资产支持证券等。截至 2012 年末余额为 69 万亿日元。央行资产负债表资产项下合计 158 万亿日元。

3．第三阶段

2013 年日本央行出台了所谓的"质化量化货币宽松（Quantitative and Qualitative Monetary Easing）"政策。此轮宽松政策，虽然废止了"资产购买计划"并使用了新的名称，但由于第二阶段 QE 并没有回收流动性，所以该阶段的政策可以理解为第二阶段 QE 的加码。内容有三：一是明确对市场发出 2% 左右的通货膨胀目标，稳定预期；

二是放弃同业拆借利率导向，改用基础货币政策工具，计划两年内将基础货币总量由 2013 年 3 月份的 134.7 万亿日元，至 2014 年底扩充到 270 万亿日元；三是按照每年增长 50 万亿日元和 30 万亿日元分别购买政府债券、ETFs 和 J-REITS，最终在两年内将基数翻倍。

二、日本央行的资产购买与市场介入

2016 年 9 月 21 日，日本央行宣布维持利率不变，负利率保持在 – 0.1%，维持 QQE 的 80 万亿日元规模不变，美元贷款计划执行时间为 4 年，在必要时新型 QQE 将可进一步加码刺激。日本央行的国债购买已近"天花板"，股票购入依然积极，日本央行逐渐成为市场共同的交易对手，货币刺激逐渐演化为市场介入。

1．日本央行购入日本国债逼近"天花板"

在 2014 年，日本央行持有日本国债 201 万亿日元（合 1.97 万亿美元，市场占比 20%），超过了日本国内所有保险公司持有国债总和，日本央行一举成为日本国债最大持有者。此后，日本央行持有国债比例继续上升（如图 1-2），到 2016 年 8 月，日本央行持有日本国债增长到 320 万亿，占日本国债存量的 38%。

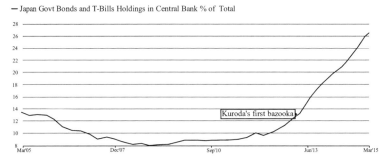

数据来源：彭博数据。

图 1-2　日本央行购买国债存量占比

　　日本央行购买国债的政策趋近极限。日本央行以外的国债持有者，主要是保险公司和银行。受资本金要求和行业特性的制约，这些金融机构卖出所持有的日本国债空间不大。同时，日本央行的购债计划及负利率政策已导致国债收益率下跌甚至为负值，在日本央行庞大的资产表中，国债估值也在持续下降，面临减值风险。在国债收益率低于零的情况下，日本央行正在以高于面值的价格买入债券，这些债券虽然是归入到"持有到期"，不按市场价格核算，但仍然需要参照实际利率法进行摊销，以保证最终账实一致，从而仍然会对日本央行资产负债表形成压力。日本央行的债券减记，相当于其所持债券利息收入的40%。这引起了内外部人士对日本央行财务可持续性的担忧，日本央行何时退出以及如何退出宽松政策，成为市场关注的焦点。实际上，如果市场普遍意识到日本央行宽松政策的"天花板"，巨大的市场冲击将不可避免。

2．日本央行继续扩大购买股票和股票 ETF 力度

2010年，日本央行购买股票 ETF 4 500 亿日元。到 2016年6月，日本央行持有日本 ETF 市场总值 15.8 万亿日元的 60%，约为 9 万亿日元份额。同年8月，日本央行公布了新一轮财政宽松政策，将 ETF 年度购买规模从 3.3 万亿日元扩大至 6 万亿日元，这意味着每天购买的 ETF 金额从 336亿日元升至 707 亿日元（见图 1-3）。此时东证的股价总市值约为 500 万亿日元，预计日本央行的购买规模还会上升（见图 1-4）。之所以直接入市刺激，市场认为日本央行是想对冲日本股市空头的力量。此外，2014 年日本政府养老金投资基金宣布了其总额达 127 万亿日元资产的资产配置计划，也计划使其国内资产配置从逐步上升到 25%，成为政府"做多"本国股市的重要力量。

日本央行：ETF[大鲸鱼]
截至2016年6月，日本央行持有的ETF部位占该国市场的60%

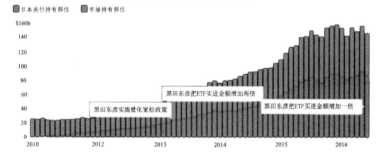

图 1-3　日本央行股票 ETF 购买量

Book value of Bank of Japan equity holdings
as a percentage of Topix market cap

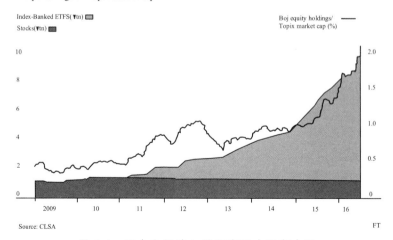

图 1-4　日本央行购入股票在日本股市占比

　　日本央行的股市刺激并没有得到市场的积极响应。日本央行出台大规模股票 ETF 刺激政策后，日本股市反应并不积极，反而出现了持续性下跌。很多国际投资家和日本投资者认为，日本央行主导的托市举措，会破坏公司治理，增加道德风险，长期看将扭曲金融市场。日本央行入市后，股市投资者会期望在股市下跌时买进股票，上涨时卖出，日本央行成了"接盘侠"。市场还认为，日本央行的过量介入，会导致股市流动性很低，交易变得困难，想买股票就只好抬高价格，想卖股票就只好压低价格。日本央行不可能永远持有大量 ETF，因为需要退出时是很艰难的，特别是那些对指数影响较大的股票退步更是难上加难。

　　根据日本央行披露的购入方式，购入的 ETF 将与其追踪的指数权重成比例，由此可以推算出流入日经 225 指数（Nikkei225）和东证股价指数（TOPIX）的资金数量，这会导致高权重股票受到重视而低权重股票愈发颓势。据报道，日本央行购置的 ETF 配比为约 60% 追踪日经指数、30% 追踪东证指数，其余追踪日经 400 指数（JPX-Nikkei）。虽说这反映了市场上可买到的 ETF 规模，但日经指数涵盖 225 家企业，而东证指数则涵盖将近 2 000 家，受惠的企业仍然是少数，受惠企业分布也并不平均。

三、日本央行直接购买证券的政策决策与操作原则

在日本的货币政策历史上，虽然只在 2010 年 10 月对外宣布成立"资产购买计划"，但由日本央行主导的资产购买行为早已有之。日本央行并没有像其他一些国家那样建立特殊目的基金，而是直接通过日本央行总部的运行部（The Bank's Head Office Operations Department）操作。日本央行的资产购买的流程简述如下。

（1）货币政策决策。日本央行货币董事会 9 人，通过对近期国内各经济数据分析，以投票的方式决定货币政策，而资产购买计划是决策的一部分内容。

（2）设定资产购买原则。一般包括以下几项内容。

① 购买目的：根据资产购买计划（Asset Purchase Program）进行设定。

② 购买资产类型，包括长期政府债券、国库券、商业票据、资产支持商业票据、ETFs、J-REITs。

③ 购买方法：根据资产类别不同，购买方法也不同。例如，在购买政府债券及国库券时，根据对手方可接受的利差，使用多价格竞拍法购买标的资产。而在购买 ETF 时，按照日本央行原则，委托信托银行（类似我国的基金公司）

下单买入，在必要时按照受益人利益最大化原则处置资产，并提前计提损失准备金。（如表 1-3 所示）

④ 购买价格：不同品种有不同的计算方式。例如，在购买政府债券及国库券时，以基础利率加利差计算价格。而在购买 ETF 时，按照日本央行原则，以加权平均价格计算价格。

表 1-3 日本央行资产购买方式

	政府债券及国库券	商业票据及公司债	有抵押专项贷款	ETFs 和 J-REITs
操作主体及地点	央行操作执行部门	央行操作执行部门	央行操作执行部门	通过日本财务省及金融服务厅授权的可以开展信托业务的信托银行
合格对手方	日本央行定义文件规定的金融机构、金融工具公司、证券金融公司、Tanshi 公司（主要做货币市场经纪业务）	日本央行定义文件规定的金融机构、金融工具公司、证券金融公司、Tanshi 公司（主要做货币市场经纪业务）	日本央行定义文件规定的金融机构、金融工具公司、证券金融公司、Tanshi 公司（主要做货币市场经纪业务）	—

续表

	政府债券及国库券	商业票据及公司债	有抵押专项贷款	ETFs 和 J-REITs
标的规格	剩余期限在 1~2 年，2 年、5 年、10 年、20 年期政府债券；已发行或准备发行的国库券	1. 标的为合格抵押品，已发行或准备发行； 2. 本土公司商业票据应满足评级为 a-2 以上或被 a-2 以上公司全额担保； 3. 资产支持商业票据应满足评级为 a-1； 4. 外国公司商业票据应满足评级 a-2 以上； 5. 房地差投资公司商业票据应满足评级为 a-1 或被 a-2 以上公司全额担保	1. 电子贷款；2.3 个月、6 个月期限贷款；3.0.1% 年化利率	1. ETFs 可跟踪 TOPIX、Nikkei 225、JPX-Nikkei 400； 2. 房地产投资公司发行的 J-REITs，并满足其债务符合央行抵押物定义文件规定，另外 J-REITs 应满足每年交易天数 200 天以上，交易额 200 亿以上
最大买入量	例：2010 年资产购买计划初始额为 1.5 万亿政府债券、2 万亿国库券	例：2010 年资产购买计划初始额为商业票据、公司债券各 0.5 万亿，且不能购买单一发行人超过 1 000 亿或超过总市值 25% 的标的资产	例：2010 年资产购买计划初始额为 30 万亿专项贷款	例：2010 年资产购买计划初始额为 ETFs 0.45 万亿、J-REITs 0.05 万亿，不能购买单一发行人超过总市值 10% 的 J-REITs 资产

续表

	政府债券及国库券	商业票据及公司债	有抵押专项贷款	ETFs 和 J-REITs
操作方法	根据对手方可接受的利差，使用多价格竞拍法购买标的资产	根据对手方可接受的利差，使用多价格竞拍法购买标的资产	央行提前向借款机构收取抵押物，抵押物标准按照央行定义文件执行	按照央行原则，信托银行下单买入，在必要时按照受益人最大收益原则处置资产，并提前计提损失准备金
买入价格	基础利率加利差计算价格	基础利率加利差计算价格	—	加权平均价格
买入时间及金额	由央行根据金融市场情况决定对手方、品种、金额、时间	由央行根据金融市场情况决定对手方、品种、金额、时间	由央行根据金融市场情况决定对手方、品种、金额、时间	

⑤ 购买时间进度安排：划定时间范围。

⑥ 买入频率：根据调控目标（比如长期利率曲线），适时调整买入频率。

⑦ 最大买入量限制：根据某种资产市值，限定购买比例。

⑧ 涉及购买资产附带的投票权利原则：根据利益最大化原则执行。

⑨ 资产处置说明：保持标的资产市场稳定，避免损失。

（3）按照设定原则执行资产购买操作。

（4）对外公布执行情。

（5）根据经济数据表现，适时调整资产购买原则。

四、日本央行介入市场的效果评估

日本央行向市场注入流动性，规模不断扩大，方式不断创新，在一定时期起到了较好的经济刺激效果。但随着介入深度和广度的增加，货币宽松政策的边际效用递减，这些举措不仅带来了市场负面影响，长期经济刺激效果日渐式微，还带来了道德风险质疑。日本央行介入市场的做法及经验、教训，值得总结和揣摩，具体如下。

一是日本央行市场深度介入国债市场不能自拔。在国债市场，日本央行已成为最大的持有者，从而成为其他市场参与者的最大对手方，这严重影响了国债市场的定价，进而影响日本整体债券市场的发展。从市场角度看，日本央行"左手"掌握货币政策，"右手"掌握国债交易，置市场于股掌之中。其结果是普通的市场机构逐渐将手中国债卖给日本央行，使得日本央行国债操作空间逼近了"天花板"，必然加剧国债发行困难，也会使得交易价格成了日本央行调控的单一工具，失去市场本应有的意义。

二是日本央行购买股票（ETF）加码带来的市场影响。早在20世纪60年代，日本就开启了股市救助之先河，在经济膨胀期均实现了成功退出，在稳定股市的同时，也赚了不少"银子"。但2008年后特别是安倍晋三第二次上台后，日本政府和央行介入股市逐渐成为常规化的操作，其目的是通过向股市注入流动性以维护股市稳定，从而为实体经济"加油"。这个愿望无疑是美好的，问题在于，持续不断的股票购买动作，不仅带来了对股市正常估值秩序的破坏（市场质疑日本央行是否会关心估值技术和真实估值水平），也带来了日本股市的种种不公平问题（如指数股和非指数股的待遇不同），以及道德风险问题。这个平衡实际上无法掌控，也许政府之手需要受到更好的约束，将市场的事情交给市场，在十分必要的时候才可出手（如流动性救助）。

三是货币政策不能替代结构性改革。"安倍经济学"的"三支箭"，推及结构改革非常艰难。反其道而行之的宽松政策及资产购买计划，或许是想为结构性政策铺路，但却引发了"坏"的市场效果。如何处理好经济与货币、市场之间的关系，是摆在日本乃至全球各国面前的重要难题。日本经济走上正轨所需要的是结构性改革，这不仅需要唤醒劳动力市场的活力，更需要应对经济、产业、利益等结构固化问题，还需要迈出流动性陷阱，否则在美元加息和美国减税等背景下，日本经济难保不会再次陷落。

从日本的经验看，依靠货币政策去刺激经济和干预市场，而不从根本上解决经济结构性问题，是不可行的。目前中国正在进行经济结构性改革，"三去一降一补"力度空前，效果渐显，需要更加注重降低成本、提高质量，增加效益、创新升级，切实提高实体经济的竞争力，更加需要解决"僵尸"企业带来的无效资金占用问题，腾出流动性，依靠市场机制，提高货币政策传导的有效性。

第四节　日本金融政策的启示

本章围绕日本长期财政货币政策进行了分析讨论，其宽松的货币政策未能成功挽救萎靡不振的经济市场，并对世界经济市场有着间接影响。如何处理经济与货币、市场之间的关系，是摆在日本乃至全球各国面前的重要课题。从日本经验来看，仅仅依靠货币政策以刺激经济与干预市场，而不从根本上解决经济结构性问题是不可行的。立足我国国情，日本经济金融政策的转变与结构调整也给我们带来一定启示。

1. 控制货币升值

（1）日本的教训。

《广场协议》后，日元快速且大幅度升值，对国内出口型产业带来巨大冲击。适度的升值调整有利于提升国内需求与促进经济转型，但日元过于猛烈的升值调整反而导致了日本政府出于对通货紧缩的担忧采取了不恰当的货币财政政策。

（2）启示。

我国面临人民币升值压力时，要注意把控其升值速度与幅度，同时提高内需水平，促进国内经济循环，健康有序、循序渐进地推动经济结构顺利转型。

2. 保持货币政策灵活性

（1）日本的教训。

日本作为一个资源相对匮乏的出口导向型国家，日元汇率币值的稳定对其经济发展十分重要，因此其经济政策始终重点关注日元汇率。然而日本政府过度关注稳定汇率这一对外货币政策目标，忽略了国内经济调节的内部目标；同时单纯仅采用货币政策，并未配合有效的财政政策来加强政府支出、提高福利水平等，使得其货币政策孤立且缺乏灵活性，从而未能有所成效。

（2）启示。

我国应继续把实现国内经济目标作为当前货币政策的主要目标，同时注意货币政策的灵活性，切实拉动国内需求，进一步提高居民生活水平。

3. 调整对出口经济的依赖，积极转型

（1）日本的教训。

日美贸易摩擦不断升级导致日元升值压力巨大，而日本对内需的忽视与开发不足，加之通货膨胀，使其最终走上了以出口维持经济增长、依靠欧美市场生存的被动的经济发展道路。

（2）启示。

一方面，中国应继续减少对出口经济的依赖，逐步建立内需主导型的经济增长点；另一方面，逐步转移出口市场方向，降低欧美出口市场份额，充分利用"一带一路"建设机遇，平衡进出口市场结构。

02

第二部分

日本金融制度以及相关金融市场的
要点分析

第一节　日本金融监管体制的变革与启示

1990 年代日本经济泡沫破灭后，日本借鉴英国"金融大爆炸"等改革经验，于 1997 年启动了金融体制改革，并逐步健全了金融市场基础性法律制度，强化了金融监管功能。日本金融体制改革错过了风险引而未发的最佳窗口期，但较为彻底的改革增强了日本金融体系的稳定性，保持了金融监管体制的统一性，也兼顾了央行货币政策的独立性。

一、经济泡沫破灭凸显日本金融体制弊端

与战后集中资金搞建设的庞大资金需求相适应，日本实行由大藏省集中进行金融监管的模式。这种体制维持了半个多世纪。直到 20 世纪 90 年代，日本经济泡沫破灭，

逐步陷入"失去的二十年"，金融监管体制改革被提上议事日程。日本各界从金融视角反思危机，主要有以下几个方面。

一是日本金融结构失衡长期存在。第二次世界大战后，日本主要靠政府和银行提供建设所需资金，银行业的强势地位继续被强化。从 1965 年到 1985 年的 20 年中，银行信贷占比一直保持在 90% 以上，但证券市场发展缓慢，间接融资在日本金融体制中长期占据着绝对优势地位。这种金融结构，即便在 1968 年日本超过联邦德国成为世界第二大经济体后也没有出现改善的迹象。不仅如此，日本还因为广泛存在的交叉持股、循环持股等问题，银行与实体经济的风险不断叠加，长期得不到有效释放。

二是过度管制带来资源配置低效率。大藏省对金融机构的业务实行诸多限制，包括对贷款期限的人为限制等，加剧了金融机构之间的不公平竞争。由于独立金融监管缺失，日本政府对金融资源配置的行政干预随处可见。一方面是对大银行、大企业集团的扶持，从大藏省"空降"到银行的高管比比皆是；另一方面，银行风险在政府与银行的"和谐"关系中被掩盖，20 世纪 80 年代日本出现了严重的流动性过剩，但在资产价格持续上涨的过程中，大家对风险视而不见。

三是金融风险事件频发倒逼改革。日本经济走向泡沫化过程中，金融机构和实体企业深度参与股市、楼市的投机活动，金融机构与实体企业边界日渐模糊。一旦股市和楼市出现动荡，将立即对金融机构与实体企业产生直接、广泛且深远的影响。20 世纪 90 年代中期以来，日产生命、三洋证券、山一证券、北海道拓殖银行和日本长期信用银行等大型金融机构纷纷破产，日本出现了一系列战后从未有过的金融机构挤兑风波和倒闭风潮。经济泡沫的破灭不仅使银行的不良债权急剧增加，也使金融机构和金融市场的信用严重受损，逼迫日本政府着手推动金融体制改革。

二、多管齐下推进日本金融体制改革

日本金融体制大改革是在桥本龙太郎任职期间（1996—1998 年）的 1997 年开始实施的。日本的金融体制改革是全方位改革，不仅对金融监管体制，也对宏观货币政策等做了革新，以多管齐下的方式对金融监管框架、金融市场与机构经营模式、外汇市场交易以及宏观货币政策制定体系等诸多方面做了全面有效的改革推进。

1. 设立独立的金融监管机构，统一施行金融监管，提升专业化监管能力

一是设立独立金融监管机构——日本金融厅。日本桥本龙太郎政府在 1998 年 6 月决定将金融监管权从大藏省分离出来，成立日本金融厅。同年 12 月，日本成立金融再生委员会，将在此之前成立的日本金融厅归并到金融再生委员会的管理之下。这一阶段，金融政策制定权仍属大藏省。

二是金融政策及监管权移交日本金融厅。2000 年 7 月，金融政策制定职能从大藏省移交金融厅，金融厅同时拥有金融监管权和金融政策制定权。日本的金融厅作为日本内阁府的直属机构，其最高负责人为日本内阁总理直接委任的金融担当大臣。2001 年，日本撤销金融再生委员会，并将其所辖的处理破产金融机构的职能合并到金融厅，金融厅全面负责金融监管业务。

三是为专业化的金融监管提供体制保障。在金融厅组织结构中，设立证券交易监视委员会和注册会计师监察审查会两个独立机构，两个机构都以中立身份进行专业化监管。证券交易监视委员会主要对证券市场出现的不公正交易等证券违法违规行为进行监管；注册会计师监察审查会则对注册会计师审查法人进行检查，对会计师协会开展的

"品质管理评价"进行审查与检查。

改革后，金融厅全面负责，央行和存款保险机构参与的日本新金融监管体制框架基本确立。金融厅以统一金融监管机构的形式对银行、证券、保险和其他金融机构进行监管。

拓展资料

大藏省一极集中监管（20 世纪 50 年代——20 世纪 90 年代前期）

此时日本金融监管主体是大藏省。日本在第二次世界大战之后传统的金融监管体制是以大藏省为主管的集中式监管，大藏省作为金融行政的主管机关，负责金融的全面监管事务。大藏省在对银行业的管理和监督方面具有很大的权限，这些权限都是由《银行法》和其他金融法规定的。大藏省下设的银行局、证券局、以及银行局所属的保险部分别对银行业、证券业和保险业实施监督。日本央行在监管上接受大藏省的领导，是金融政策的发布机构，央行的人事安排和具体的业务活动由大藏省负责，央行出台的金融政策接受大藏省的指导。因此，央行没有独立的管辖地位，只能对与之有业务联系的金融机构进行检查。相比之下，大藏省作为金融行政主管机关，有权对包括日本银行在内的所有登记注册的金融机构实施监管。以银行业为例，日本的城市商业银行等大型银行由大藏省本部颁发许可证，而地方商业银行（包括第一地银和第二地银）由大藏省下属的地方财务局管辖，但同时地方银行的成立、合并、退出等的准许仍由大藏省本部管辖。

（1）经济高速发展期：管制严格（20世纪50年代—20世纪70年代中期）。

第二次世界大战之后日本经济实现了20多年的高速增长，产业和贸易的高速发展是经济高速增长的主要力量。日本的商业银行等融资机构长期向企业提供资金来源，既保证了企业享有长期稳定的融资条件，又使银行自身成为企业融资的核心。在此期间，金融业也成为日本管制最严的领域之一，日本金融制度在此期间是极强的分业经营模式，以金融行业来说，银行业、证券业、信托业相互严格分离。同时，通过银行的间接融资成为日本企业融资的主要手段。在直接融资领域，如债券市场，其发行金额与利率等也很大程度受到银行的影响。

（2）经济中速发展期：逐步市场化（20世纪70年代中期—20世纪80年代末）。

20 世纪 70 年代发生的石油危机对依赖石油进口的日本造成巨大冲击，使得日本经济进入低速增长时期。其间的金融体制变化不大，但日本政府在此期间实施的积极财政政策引发了数量庞大的财政赤字，也造成日本国债发行增加，对流动性要求越来越高，同期的银行长期融资与短期融资分离特征开始出现转变，日本的长期融资机构在整个银行体系中份额下降至 30% 以下，利率管制使得资金向不受利率管制的短期金融市场流动。

同时日本逐步形成了利率市场化。日本利率市场化是长期的过程，从 1979 年至 1994 年基本实现市场化历经长达 16 年的时间，缓步的市场化进程使得日本金融机构受到的冲击相对较小，保持了经济金融的稳定与持续发展。此时日本的利率市场化并不完全，存款利率依然不由各金融机构通过市金供求决定，而是受到货币管理当局的限制。

（3）泡沫经济时代：风险积累（20 世纪 80 年代末—20世纪 90 年代初）。

日本金融业在此期间发展很快，金融业发展速度超出实体经济。日本央行为了应对日元升值保持了低利率的宽松货币政策，对资产价格的管制日益放松。在此期间，日本进一步促进了金融自由化，间接促进了银行及非银行机构扩大业务范围，但同时积累了潜在的不良贷款风险。
1991 年资产泡沫破裂以后，非银行机构纷纷倒闭，相关银行也产生了大量不良债权，自 1994 年 12 月日本出现了一系列战后从未有过的金融机构挤兑风波和倒闭事件。例如，1994 年后日本协和信用组合、安全信用组合、木津信用社倒闭，地方银行兵库银行等接连倒闭。

2. 推进"金融自由化"改革，明确银行业经营边界

一是放松了金融分业界限。允许组建金融控股公司，并通过金融控股公司控股银行、证券、保险、基金等金融主体，增强市场竞争活力；放松了保险公司和其他金融机构新成立的子公司互相进入对方业务领域的限制；取消证券交易税，解除对上市和非上市股票投资的限制，解除或放松对金融衍生工具创新的限制等。

值得指出的是，日本并未对商业银行完全放开证券市场业务。现行制度只允许商业银行作为窗口渠道向个人投资者代理销售股票与基金，但并不允许银行直接进行证券承销和交易等业务。从中可以看出，日本金融业在股权层面的管制放松并不等于允许在业务层面的混业经营，不同金融业务仍然需要在各自既定的法规下开展业务，履行各

自相应的金融市场功能。

二是取消外汇交易限制，废除外汇汇出许可制，实现了日元对外币的完全自由兑换。1998 年 4 月修订的《外汇及外贸法》废除了之前资本交易的事前批准、申报制度，实行事后报告制度。投资者无须申报就可以在海外进行证券投资，而日本国内企业之间可以自由进行外汇交易，同时个人和企业在海外开设存款账户也不受限制。该法案还取消了授权特定银行经营外汇的制度，机构在用外汇结算时没有必要向银行缴纳兑换手续费。

3．统一金融商品交易立法，实行统一的功能监管

一是统一金融商品交易立法。2007 年日本制定了《金融商品交易法》（日文原名《金融商品取引法》，简称《金商法》），在《证券交易法》的基础上合并了《金融期货交易法》《投资顾问业法》《有价证券投资咨询业规制法》《担保证券业规制法》《外国证券机构法》等相关法规条款，并对《证券交易法》《投资信托及投资法人法》《商品交易所法》《信用金库法》《长期信用银行法》《银行法》《保险业法》《信托业法》以及《金融商品贩卖法》等做了相应调整。同时，将法律规制的对象中的"证券公司"更名为"金融商品交易业者"，将协会名

称由"证券业协会"变更为"金融商品交易业协会",将证券交易所名称更名为"金融商品交易所"。

二是扩展证券的定义。《金融商品交易法》将证券的定义扩展为"金融商品"的概念,将银行业务和保险业务也纳入监管之中。在产品方面,信托与基金产品以及投资性较强的存款与保险类金融商品等都新被纳入了监管范围。《金融商品交易法》在确立全方位的行业监管和行为监管基本框架的同时,也以保护投资者为目的完善了金融监管法,从法律层面确立金融厅为日本金融监管的最高行政部门。

三是增加透明度。2008 年的国际金融危机进一步暴露了日本金融监管的漏洞,在金融危机后,日本对《金融商品交易法》做了多次修订和完善,强化了对证券公司等机构的规制和监督。日本快速披露金融体系中的次贷资产状况,日本金融厅开始每半年公布一次改善金融监管工作报告,并要求企业自身财务报告均需由企业经营者签署保证内容真实性的确认书,并接受注册会计师和监管部门的监督。同时,金融厅可依据《金融商品交易法》深入金融机构进行入户调查。这些规定对维护金融市场的健康发展发挥了重要作用。

三、金融监管与货币政策的分工与合作

在日本金融体制改革后，日本金融厅和央行是金融监管的主体机构，两者在强化相关监管职责的同时进行了有效互补。

1．立法推进日本货币政策的独立性，提高透明度

《日本银行法》是 1942 年制定的。根据该法，宏观金融政策长期由大藏省把持，日本银行并没有独立性，因而广为诟病。《日本银行法》修改的主要内容涉及日本银行的作用、货币政策目标、日本银行与政府的关系及其在法律地位上的解释、政策委员会的权限等，对日本整个金融体制改革有着深远的影响。

1997 年《日本银行法》修改后，确立了日本央行独立的货币政策制订机构的地位，强化了货币政策委员会的作用，完善了其对宏观经济的调控职能。修改后的《日本银行法》取消了大藏省大臣对日本银行的业务命令权和内阁对日本银行总裁的罢免权，以确保中央银行的独立性；强化了货币政策委员会，日本银行内部人员不得超过半数；定时公开政策委员会的讨论内容，向国会说明金融政策，增强了政策运作的透明度。

2．金融厅系政府内阁直属机构，全面履行金融监管职能

金融厅的职能主要有：负责金融制度的策划和制定，行政性规则的监督执行，对银行、证券、保险机构等金融机构的牌照发放与管理，信息披露规则的监督，非现场检查和现场检查等。金融厅的监管方式以功能监管为主，根据监管业务性质设立监管部门，无论金融机构是何种类型，只要开展同类业务，就要按照同一法律、由同一监管主体实施专业化的监管。

在金融厅内部的监管分工上，总务企划局负责总体协调性以及事务性工作，监督局负责非现场审查工作，而检查局则负责现场检查工作。

图 2-1 金融厅结构框架

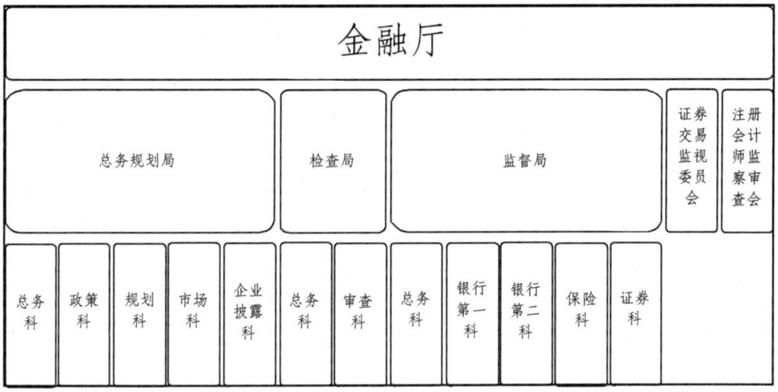

金融厅												
总务规划局					检查局		监督局				证券交易监视委员会	注册会计师监察审查会
总务科	政策科	规划科	市场科	企业披露科	总务科	审查科	总务科	银行第一科	银行第二科	保险科	证券科	

拓展资料

日本金融厅职责简述

日本在 20 世纪 80 年代之前的金融市场相对封闭，政府主导的特征明显，一定程度制约了金融市场的发展。在 1997 年，日本政府对金融政策做出根本性的改变，以桥本龙太郎为首的新一届日本政府，借鉴了英国伦敦在 20 世纪 80 年代的"金融大爆炸"，启动了大范围的金融体制改革。同年，日本成立了新的金融监管机构（即日本金融厅），来接管大藏省等的金融监管职能，金融厅对日本的银行业、证券业、保险业及非金融机构进行统一的监管。设立日本金融厅是为达到维护日本整体金融系统的稳定，保护金融市场投资者，建立公正和透明的市场等目的。

日本的金融厅作为日本内阁府的直属机构，其最高负责人是日本内阁总理大臣直接委任的金融担当大臣。金融厅统管金融市场与机构的监管。金融厅的职能主要为负责金融制度的策划和制定、行政性规则的监督执行、信息披露规则的监督等。此外，在金融厅组织结构中，存在证券交易监视委员会和注册会计师监察审查会两个独立机构，两个机构都以第三方的观点中立进行监管。证券交易监视委员会主要对证券市场出现的不公正交易等证券违法违规行为进行监管，注册会计师监察审查会则对注册会计师审查法人进行检查。

一、部门设置

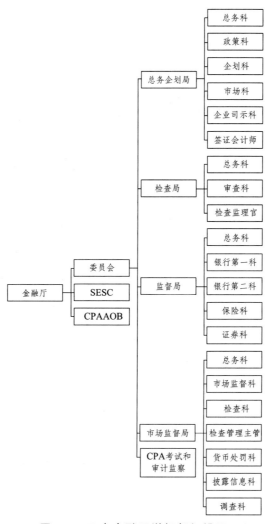

图 2-2 日本金融厅详细部门设置

二、各部门职责

1．总务企划局

负责相关政策与法案的制定，具体包括以下部门。

（1）总务科：综合管理一般事务，人事、总务、国会、资料准备。

（2）政策科：负责金融基本政策的制定，相关税制调整的政策评估，与财政局联系。

（3）企划科：负责与金融制度相关政策的拟定及法案制定、法令审查、行政诉讼。

（4）市场科：掌管证券市场及其他金融市场有关政策的拟定及法案制定。

（5）企业司示科：负责企业会计准则的制定和审查，有关证券交易公司的资讯揭露，签证会计师政策及法案制定。

2．检查局

负责民间金融机构的检查，具体包括以下部门。

（1）总务科：负责检查局的一般事物、订制金融检查方针和实施计划，实施金融检查及金融检查的标准制定。

（2）审查科：审查检查报告书，通知金融检查结果。

（3）检查监理官：实施重要的金融检查。

3．监督局

负责对民间金融机构的监督，具体包括以下部门。

（1）总务科：综合管理一般事务、有关监督事物指导方针的制定。

（2）银行第一科：负责对国家银行、外国银行等、信托等的监督。

（3）银行第二科：负责对地方银行的监督。

（4）保险科：负责对保险公司的监督。

（5）证券科：负责对证券公司、投资信托业者等的监督。

4．市场监督局

负责对证券公司监督、对市场不正当行为的调查、对披露文件的审查、案件调查等，具体包括以下部门。

（1）总务局：综合管理一般事务。

（2）市场监督部：负责每日的市场信息监视和分析。

（3）检查局：负责有关证券公司的监督政策制定，市场行为的监督。

（4）检查管理主管：指导证券检查。

（5）货币处罚科：对市场不正当行为的调查。

（6）披露信息检查部门：检查披露信息。

（7）调查部：调查犯罪案件，包含证券欺诈。

此外，在金融厅组织结构中，存在证券交易监视委员会和注册会计师监察审查会两个独立机构，两个机构都以第三方的观点中立进行监管。

3．金融厅和日本央行的协同监管

法律对日本央行的监管授权。在日本金融体制改革之后，日本央行在独立执行货币政策中仍需把握金融业尤其是银行的运行状况，因此，新《日本银行法》第 44 条规定，日本银行为行使其职能，有权与有业务往来的金融机构签订检查合同，并在合同的基础上对其进行检查。日本银行可以通过现场检查和非现场检查的方式，督促和指导金融机构，对其经营中存在的各种风险进行有效管理。

协作重点在银行业。金融厅和央行同时对商业银行具有监管权限，但金融厅与日本央行的分工不同，检查重点不同，两者保持了紧密的交流合作。根据《日本银行法》第 44 条第 3 款的规定，应金融厅长官的要求，日本央行应向金融厅出示检查结果并允许金融厅查阅相关资料。央行和金融厅形成相互配合的密切关系，促进了日本的金融监管由行业监管向功能监管的转变，并保证了金融监管的统一性和独立性。

日本央行也直接入市维稳。日本央行从 2009 年初直接入市，进行价格维持操作（Price Keeping Operation），大量买入股票、ETF 等金融产品。2012 年后的安倍政府时期，日本央行入市力度有增无减。可见，日本央行虽然并不直接监管市场，但从维护金融稳定的角度着眼，其进行了大量直接入市操作。日本央行的这种操作在国际上十分罕见，背后的逻辑或在于日本坚信金融市场稳定对经济增长的作用，在理念上与美联储的量化宽松政策是一致的。

四、几点启示

一是金融体制改革是一个系统工程，早改比晚改好，不能久拖不决。日本实际上从 20 世纪 90 年代初期就开始讨论金融体制改革，但直到桥本龙太郎为首的自民党政府重新执政后才得以推进，改革错过了风险引而未发的最佳窗口期，但彻底的改革增强了日本金融体系的稳定性，为日本在亚洲金融危机和全球金融危机中全身而退奠定了体制基础。

二是金融体制改革要处理好金融监管、金融稳定和货币政策独立性之间的关系。日本金融监管体制改革的特色是，形成了统一的金融监管体制，也兼顾了央行实施货币政策的独立性，并加强了在银行领域的监管协调。当然，日本央行维护金融稳定的作用突出，其直接入市的做法与美联储如出一辙，但更加激进。

三是保持金融监管的独立性和专业性。日本不仅建立了统一的金融监管部门——金融厅，而且在金融厅内部还设有独立的注册会计师监察审查会和证券交易监视委员会，体现的是对证券和会计相关专业监管领域的高度重视。证券和会计是市场经济的核心要素，体现了市场经济最深刻的契约精神，日本增强其作用的做法值得借鉴。

四是重视夯实改革的法治基础。日本2007年制定的《金融商品交易法》，拓展了证券的概念，以便能够更广泛地涵盖金融市场日新月异的创新产品。但与此同时，日本对商业银行进入证券领域的业务活动则保持了一贯的谨慎态度，尽量减少不同金融业务的混同操作，商业银行在经营证券业务方面被限定在销售领域。即便在金融控股公司内部，这样的业务边界设计也一致被业界所遵循。

拓展资料

日本存款保险制度简介

1971 年 4 月，日本国会公布了《存款保险法》，这个法案实际上是与《存款保障制度基金法案》一脉相承的。根据《存款保险法》，日本存款保险公司作为独立机构于 1971 年 7 月 1 日正式成立，并按规定在银行倒闭时支付给存款人一定的赔偿。

自 20 世纪 70 年代后期以来，银行破产事件层出不穷，为了提高存款保险机构处置金融风险的能力，1986 年 7 月日本政府修改了《存款保险法》。新条文规定，由于在救济、合并破产金融机构过程中给大银行带来了损失和负担，存款保险机构通过对其进行低利融资或无偿增资作为补偿；保险金额由原来的每个存款人 300 万日元增加到 1 000 万日元；金融机构的保险费率提高到 0.01%。

日本存款保险体系从 2002 年 4 月 1 日起，废除之前实行的存款全面保护政策，存款保险范围最高限额为 1 000 万日元本金加上存款利息，包括定期存款、零存整取储蓄、放款信托和银行债券。从 2003 年 4 月起，取消对于包括普通储蓄、活期储蓄和特定储蓄等在内的流动性存款的全面保护。

第二节　日本股票发行上市制度与监管制度

股票发行与上市制度界定资本市场的准入机制，是一国的金融市场建设以及金融监管政策的重要组成部分。作为拥有上市企业的数量与总市值居世界第三位的股票市场，日本在金融市场体制建设上有着相对成熟的经验。了解与参考日本的股票发行上市以及相关监管的经验，对我国推进股票发行上市改革以及相应的监管制度设计上有一定的启示意义。

一、日本股票交易市场概述

日本的股票交易市场非常发达，拥有东京、大阪、名古屋、札幌、福冈等多家证券交易所。其中东京证券交易所和大阪证券交易所在 2013 年完成合并为日本交易所集团（JPX），合并后三千余家上市公司的数量与总市值均居世界第三位。东京证券交易所和大阪证券交易所的金融衍生品交易统合到大阪交易所，而大阪证券交易所之前的现货股票交易市场则全部统合到东京证券交易所，由此确立了现货和金融衍生品市场各自集中的效果。在证券交易所挂牌的产品也种类多样，包括股票现货、期货、外国在日本上市股票、债券、ETF、ETN、REITS 等。日本交易所集团拥有旗下的证券交易所以及日本交易所自律法人和日本证券清算机构等提供金融商品市场基础设施的机构。以下以日本交易所集团为主介绍日本股票交易市场以及股票发行上市制度。

日本交易所集团的核心市场包括市场一部和市场二部。此外，日本交易所集团分别建立了 MOTHERS 板块和 JASDAP 板块。其中 MOTHERS 板块面向具有高度成长潜力的新兴企业市场，而 JASDAQ 是作为场外交易市场设立的。

从日本股票市场规模来看，其在日本经济泡沫期间曾经跃居世界第一位，但在 20 世纪 90 年代初日本经济泡沫破灭之后长期低迷。随着日本证券市场近年来的回暖，日经指数不断推升，进入 2015 年，股票市场规模达 600 万亿日元左右，总市值超过了 1989 年 12 月日本泡沫经济期的最高点。

日本资本市场拥有规模庞大的机构投资者，投资者也具有多样化特征。例如日本政府养老投资基金（简称 GPIF）是世界上最大的机构投资者。截至 2015 年 3 月末，GPIF 投资额为 137 万亿日元（1.3 万亿美元），GPIF 也大量投资于股票市场，GPIF 对日本国内股票的投资占其总投资的 22.0%，国外股票投资占总额的 20.89%[1]。同时，外国投资者，如欧美的主要机构投资者在日本股票市场上也是主要参与方之一。此外，日本拥有庞大的个人金融资产，日本个人持有的金融资产达 1 700 万亿日元以上，而日本个人投资者对股票以及债券等证券的投资呈持续上升的趋势。截至 2015 年 3 月底，其中投资于有价证券的个人金融资产在 300 万亿日元以上[2]。

---

① 参考：GPIF2014 年度投资运用明细。
② 依据日本银行资料整理。

拓展资料

日本多层次资本市场概述

日本拥有全球规模第三的资本市场，是多层次资本市场体系建设比较成功的国家之一。日本的证券交易市场非常发达，拥有东京、大阪、名古屋、札幌、福冈等多家证券交易所。

东京和大阪交易所分别是全国和关西地区的中心性市场，二者的交易额合计占全国交易所的 90% 以上。在 2013 年东京证券交易所和大阪证券交易所完成合并为日本交易所集团（JPX）。

日本的各家证交所的市场在上市股份数、股权分布、营业年度、注册资本、利润和信息披露等上市条件都各不相同。名古屋等其他交易所构成地区性证券交易中心，主要交易那些尚不具备条件到东京交易所上市交易的证券。东京、大阪和名古屋交易所都设立了第二部市场和外国部市场。第二部市场是企业进入市场一部的过渡，它们的上市股份数、股权分布、股东权益、税前净利润和信息披露与市场监管等都比市场一部的要求低得多。

此外，日本交易所集团分别建立了 MOTHERS 板块和

JASDAP 板块，为处于初创期的中小企业和创业企业服务，其上市标准均低于一部和二部市场。（见图 2-3）

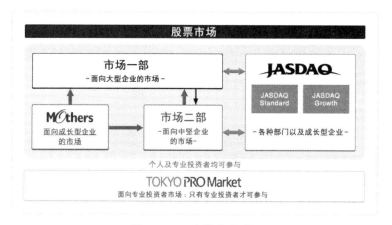

图 2-3　日本股东市场

MOTHERS 市场译为"玛札兹"市场，又被称为保姆板（日本的创业板）。MOTHERS 板块面向具有高度成长潜力的新兴企业市场，任何行业具备成长潜力、并拥有独特且优秀的专有技术或专业知识的企业均可向 MOTHERS 提交上市申请。

日本 OTC 柜台交易市场（即 JASDAQ, Japanese Over The Counter Market/Japan Association Of Securities Dealers Automated Quotation)是作为场外交易市场设立的，以吸引中小公司挂牌为主。JASDAQ 市场内部分为两个层次：第

一层次是第一款登记标准市场,其为登记股票和管理股票服务。所谓登记股票是指发行公司符合日本证券业协会订立的标准,申请并通过该协会的审核,加入店头市场交易的证券;管理股票是指下市股票,或未符合上柜标准,经协会允许在店头市场受更多限制得以进行交易的股票。第二层次是第二款登记标准市场,其为特则股票服务。特则股票是指未上市、上柜的公司,但经券商推荐有成长发展前景的新兴事业股票。由于 JASDAQ 市场与交易所设立的新市场上市标准类似,因此两者之间存在着一定程度的竞争。

日本交易所集团旗下拥有东京专业投资者市场(TOKYO PRO Market)。TOKYO PRO Market 只限专业投资者(特定投资者)参与。其与既存市场相比,在披露语言、披露文件、会计准则等方面的限制更为宽松。TOKYO PRO Market 采取了保荐人制度,保荐人由交易所指定,包括法律顾问和专业会计师。由于日本交易所自律法人不会对该市场上市的企业进行上市审查,所以由保荐人对在 TOKYO PRO Market 上市的企业进行资格审查。TOKYO PRO Market 采取了一些宽松的披露制度,因此在 TOKYO PRO Market 上市的企业可以自行决定披露季度报告和内部控制报告,从而降低企业在成长阶段的上市成本。

日本交易所集团旗下还拥有东京专业投资者债券市场（TOKYO PRO-BOND Market）（见图 2-4）。TOKYO PRO- BOND Market 是根据 2008 年修订《金融商品交易法》时引入的"面向专业投资者市场制度"而设立的新型债券市场。面向专业投资者的债券市场 TOKYO PRO-BOND Market 可以灵活机动地发行债券，提高了日本国内外发行者及投资者乃至证券公司等市场参与者的便利性，并为日本债券市场的发展做出贡献。TOKYO PRO-BOND Market 的特点之一是可以更加机动灵活的发行债券，在确保向投资者所提供信息质量的前提下，大幅简化发行债券时所需的披露文件，提高发行手续的效率，从而可以根据市场环境的变化机动、灵活地发行债券。这个市场也给予海外发行者很大的便利性，例如在 TOKYO PRO-BOND Market 可以只使用英文进行信息披露。此外，除日本会计准则外，还采用国际会计准则（IASB、IFRS）、美国会计准则，并且可以使用多种货币发行，从而大幅提高了海外发行者在日本发行债券的便利性。

图 2-4　东京专业投资者债券市场

　　日本的金融衍生类商品也可以在交易所交易。金融衍生品交易包括股指期货交易、股指期权交易、国债期货交易、国债期货期权交易、有价证券期权交易等。以金融期货为例，金融衍生品的种类繁多，有日经 225 期货、日经 225mini、日经 225 期权、TOPIX 期货、mini-TOPIX 期货、JPX 日经指数 400 期货、东证 MOTHERS 创业板指数期货等。

二、日本股票发行上市的概述

1. 日本股票发行上市的制度

日本自 1948 年制定《证券交易法》以来，股票发行上市制度推行注册制。在 2006 年《金融商品交易法》取代《证券交易法》后，注册制保持不变。注册制是指监管部门对发行人发行股票不做实质性的审批，只要发行人符合上市审查标准就可以注册上市。日本股票发行的主管机关是日本金融厅（简称 FSA），并主要由金融厅下设的督察局负责。根据《金融商品交易法》和交易所规则，发行与上市是相对独立的过程，上市审查工作由日本交易所自律法人负责，股票发行注册工作由金融厅负责。上市审查主要看企业是否符合上市指标条件，在这一阶段，证券交易所委托自律法人对上市条件进行审查。

企业拟上市需达到上市审查标准。这里所指的上市标准包括形式标准和实质标准，日本交易所集团将会根据实质标准对满足形式标准的企业进行审查。形式标准包括股东数、公开发行新股数量、流通股票数量等要求，以及对企业利润额、资产额等要求（见表 2-1），而实质标准则主要对企业整体的盈利性、管理的健全性等相关方面进行确认。实质标准包括企业的持续性以及盈利性、有稳定的收入基础并能够公正切忠实地开展业务、并保证公司治理以及内部风险控制制度的健全、能够适当和及时披露企业信息、以及其他从保护公众和投资者角度出发认为必要的事宜等。此外，如果是外国企业申请上市，在进行上市审查时，将对该国或地区的法律、规章制度等同时进行调查。

表 2-1　日本企业上市形式标准

	主板市场		Mothers	JASDAQ		TOKYO PRO 市场
	市场一部	市场二部		Standard	Growth	
股东人数	2 200 人以上	800 人以上	200 人以上	200 人以上		—
流通股数量	20 000 单位以上	4 000 单位以上	2 000 单位以上	—		—
流通股总市值	10 亿日元以上（不低于 1 000 万美元以上）	10 亿日元以上（1 000 万美元以上）	5 亿日元以上（500 万美元以上）	5 亿日元以上（500 万美元以上）		—
流通股比例	35% 以上	30% 以上	25% 以上	—		—
公开发行	—	—	500 交易单位以上	10%，或 1 000 交易单位以上		—
总市值	250 亿日元以上（2.5 亿美元以上）	20 亿日元以上（2 000 万美元以上）	10 亿日元以上（1 000 万美元以上）	—		—
持续经营年数	3 年以上		1 年以上	—		—
将资产额	10 亿日元以上（1 000 万美元以上）		—	2 亿日元以上（200 万美元以上）	不为负	—

续表

	主板市场		Mothers	JASDAQ		TOKYO PRO 市场
	市场一部	市场二部		Standard	Growth	
利润总额或总市值	[经常利润] 过去两个财年总额5亿日元以上（500万美元） [总市值] 总市值：500亿日元以上（5亿美元） 销售额：100亿日元以上（1亿美元）		—	[经常利润] 1亿日元以上（100万美元） [总市值] 50亿日元以上（5000万美元）	—	—

注：按 1 美元 = 100 日元

来源：日本交易所集团

负责履行审查职责的自律机构是相对独立的法人形态，自律机构建立了易于确保中立性和实效性的组织体制，并可发挥其专业性。自律业务不仅对违反法律法规和交易所各项规定的行为进行事后处理，还着重对市场希望杜绝的行为防患于未然。自律监管不仅局限于调查、审查以及做出处罚决定等，而且涉及预防不正当行为的发生等诸多方面，其监管对象包括上市企业、拟上市企业、证券公司及投资者的交易行为等[①]。

到了发行注册阶段，所有相关的公开资料依据规定将

———————————

① 来自日本交易所集团公开资料。

递交到监管机构，对申报材料进行形式审查。监管机构不必再对信息披露开展实质审核，而只需从提交的材料看是否满足发行的条件。只要达到所公布的条件要求，企业即可发行股票，而对其投资价值不做实质性判断。上市申请的所需时间因各企业的情况而定，一般从筹备上市到上市大概需要一年①。

2. 发行上市的相关机构职责

对于发行上市的相关机构，主承销商将参与从上市筹备到上市的整个过程，并由证券公司担任。主承销商通过与发行方签署主承销协议提供承销业务，并就上市及其日程提供建议和咨询服务。会计师事务所在完善财务制度的设计，并就财务报表建言献策的同时，还对财务报表进行审计。法律事务所从法律角度对上市相关事宜进行审查和评估，并起草法律意见书。此外还帮助申请人制作披露文件②。

3. 转版和退市制度

日本交易所集团对于满足转版条件的交易股票提供转

---

① 来自日本交易所集团公开资料。
② 来自日本交易所集团公开资料。

版制度，对市场一部、市场二部、MOTHERS 板块、JASDAP 等板块的转版都有详尽的规定，交易所通过上市规则以及上市审查标准，对希望转版的企业进行审核，如果符合相关条件则可以转版。

举例来说，转板至市场一部的要求为：股东人数为 2 200 人以上；流通股总市值在 20 亿日元以上；流通股数量占上市股份总数的百分比至少为 35% 以上；总市值在 40 亿日元以上；净资产总额在 10 亿日元以上，同时各单独项目的净资产不能为负值；利润总额或销售额等必须满足最近两年的利润总额达 5 亿日元以上，或者最近一年的销售额达 100 亿日元以上，同时总市值需超过 500 亿日元。此外，转板至市场一部需同时满足最近五年的有价证券报告书等均无虚假陈述，以及最近五年的审计意见为适当等其他条件。

另外，日本交易所集团对于在一定期间内不能满足维持上市条件的企业制定了退市制度。交易所对于股票退市颁布了详尽的标准，退市标准主要有股本总额和股权结构、企业经营状况、股息分配情况、企业债务情况、履行信息披露义务等。在退市程序上，交易所认定公司不满足上市标准时，限其在规定期限内重新满足上市标准，如果在规定期限内仍不能满足上市标准，则将终止其上市，在终止上市后 3 个月内其股票仍可在交易所内进行交易，3 个月后正式退市。

4.《金融商品交易法》对于股票发行上市的相关规定

日本颁布《金融商品交易法》的目的是建立公正的证券市场，日本在企业发行上市制度上实行的注册制并不是自由放任的制度，而需要以健全强制性信息披露制度、规范发行人的相关行为等方式来维护注册制的有效实施。

因此，《金融商品交易法》对于有价证券的发行申请做了详细规定，加强规范了发行人以及相关机构的行为，完善了法律制度上的强制信息披露等制度，规定在有价证券申报书等文件中需正确适时地披露所发行的有价证券的相关内容、有价证券所属企业的经营情况和财务状况等。同时，《金融商品交易法》详细规定了违规的相关处理程序，在投资者保护方等方面制定了许多相应的措施。例如，《金融商品交易法》第 197 条规定了如果存在重大事项的虚假记载，当事人可处以 10 年以下有期徒刑或者 1 000 万日元以下罚金等刑事责任的处罚规定。

三、日本股票发行体制的启示意义

日本的股票交易市场非常发达，拥有规模庞大的机构投资者和个人投资者。日本在金融市场体制建设上有着相对成熟的经验，金融监管体系也在不断改革。在1997年，日本政府建立了对金融业统一监管的日本金融厅。在2006年，日本修改《证券交易法》为新的《金融商品交易法》，此法为广义的金融投资者提供了有效保护的法制框架，以便满足金融服务业的需要。在股票发行上市制度上，日本以立法的形式明确规定股票发行上市实行注册制，强调公开原则和形式审查原则，负责履行审查职责的自律机构是相对独立的法人形态。日本的相关监管机构通过以完善信息披露制定和规范发行人的相关行为等方式来维护注册制的有效实施。

我国目前实行核准制，核准制是指发行人申请发行证券，不仅要公开披露发行的相关信息，而且要求发行人将发行申请报请监管部门审核。在这种制度下，因为对股票进行了实质上的审核，所以上市的股票质量较高，但同时也凸显出投资者依赖审核，忽视风险的现象，削弱了股票市场正常的风险定价功能。目前我国的股票发行市场处于市场化改革的阶段，应从我国当前的金融市场和社会发展阶段出发，在证券市场化运作的大趋势下，逐步推动制度改革，强化股票发行上市的市场化基本约束和自我调节能力，发挥市场主体的作用。监管部门应当将审核重点从企业的财政效应、持续盈利能力、可投资性等方面，转为发行企业的信息披露透明化和合规化。另外，我国信息披露制度的法律体系尚不完善，需要建立完备的信息披露法律责任机制，提高发行上市企业的信息披露质量，通过公开透明的信息披露给予投资者合理的权益保护。

拓展资料

日本资本市场的对外开放

日本在开放资本市场方面的进程漫长。1985 年《广场协议》签订后，日本实现了资本项目中的日元可兑换，但仍在证券交易市场准入、金融商品开发方面，保留了许多排外性规制，内外资本交易仍然实行事前认可制度，这造成了日本国内金融市场的相对封闭和缺乏对国际市场的应对能力的状态。而泡沫经济破灭后的长期经济景气低迷，也导致金融市场动荡不安，这也是日本金融机构尚未赶上欧美金融机构的原因之一。

日本资本市场开放的开放历程可以从境外投境内、境内投境外、境外上市等三个方面来分别梳理。

1. 境外机构和个人投资日本国内股票的政策历程

1979 年，日本取消对非居民取得日元债券限制，并允许进行债券重购交易，开始了外国证券投资自由化的进程。1980 年，《外汇管理法》被修正，内外证券投资原则上可以自由进行，外国人投资日本股票、日本人投资海外股票程序得到简化。

2. 机构和个人投资日本境外股票政策历程

1970 年以前，日本全面禁止对投资境外股票，自 1970 年 4 月起允许将外国证券纳入证券投资基金。1972 年，日本废除了禁止本国的证券公司、保险公司及一般投资者购买外国证券的禁令。到 20 世纪 70 年代中期开始逐步允许其他机构投资者及一般投资者自由购买外国证券。1987 年 5 月，日本政府批准 307 家银行、证券公司、保险公司、投资信托公司等参与海外金融期货交易。1988 年，又颁布实施了使一般居民可以参加海外金融期货交易的《金融期货交易法》和《证券交易修正法》。1989 年 4 月，东京金融期货交易所成立。这些放松证券管制措施极大地促进了证券市场国际化。

3．境外企业到本国上市、并购的政策及变化

1972 年日本实施《外国证券公司法》，允许外国证券公司在日本开展证券业务。同年 9 月，美国通用电话公司在东京成功地发行了 75 万股普通股票，这是外国公司在日本证券市场的首次成功运作。1973 年，东京证券交易所开设外国部，开始上市海外股票，上市企业以欧美的蓝筹股企业为主（第二上市）。1979 年取消了《外汇及外贸管理法》以及《关于外贸的法律》中曾规定的本国企业与金融机构不得在海外金融市场上发行证券及外国企业不许在日本发行证券的限制。

第三节　日元的国际化进程与启示

2015 年 11 月 30 日，国际货币基金组织（IMF）通过人民币加入特别提款权（SDR），这是里程碑式的事件，但是我们应当清楚地认识到这只是开启人民币国际化进程的第一步，人民币真正成为国际上的主要使用货币的路还很长。日元国际化的基本条件和环境和人民币国际化的条件有相似性，本节将阐述日元国际化的历程和借鉴意义，并对人民币国际化提出借鉴建议。

一、日元国际化的进程

日本在经济长期高速增长，巨额贸易顺差的条件下，积累了大量外汇储备，日元升值压力愈发增大。日元国际化也是在这个背景下开始启动的。日元的国际化经历了以下三个阶段。

1．日本经济高速发展阶段

（1）稳健和缓慢的货币自由化进程。

第一阶段（第二次世界大战之后至 20 世纪 80 年代初

期）为日本经济高速发展阶段。日本在第二次世界大战结束之后保持着数十年的经济高速增长，日本政府也制订了贸易立国、推动出口为导向的经济增长策略，日本在 1968 年超过联邦德国成为当时世界第二大经济体，这都为日元国际化确立了坚实的基础。

在此环境下，日本逐步地实施了货币自由化政策，主要有以下几个制度变化：在 1960 年日本就创设了非居民日元存款自由结算制度；1964 年日本正式成为国际货币基金协定第 8 条成员国，开始逐步承担日元自由兑换的义务；1970 年日本开始允许离岸日元发行；1973 年日本开始实施完全浮动汇率制度；1978 年允许民间进行国内外存款；1980 年新外汇法实施，日元在国际贸易中的使用规定为原则上自由。此阶段日本以渐进的方式通过逐步开放日本国内的货币政策推进有限而稳健的国际化政策，而同期日本出口在数十年中加速发展，成为日本经济迅速发展的主要体现，日元在国际贸易上的使用程度也迅速提高。

（2）日元加入 SDR。

在 20 世纪 70 年代初日本就作为创始国加入 SDR。SDR 在创立初期，规定 35SDR 等于 1 盎司黄金，即与美元等值。在 1973 年美元取消与黄金的固定比例，西方主要国家的货币纷纷与美元脱钩。实行浮动汇率以后，1974 年 7 月，国际货币基金组织正式宣布 SDR 与黄金脱钩，改用 16 种货币的"一篮子"货币作为定值标准，一篮子货币中有美元、德国马克、日元、英镑、法国法郎、加拿大元、意大利里拉、荷兰盾、比利时法郎、瑞典克朗、澳大利亚元、挪威克朗、丹麦克朗、西班牙比塞塔、南非兰特以及奥地利先令等。

1980 年 9 月，国际货币基金组织又宣布将组成"一篮子"的货币，简化为五种国家货币，即美元、德国马克、日元、法国法郎和英镑。在欧元机制建立后，便成为美元、欧元、英镑、日元。这里需指出加入 SDR 不是一劳永逸的，SDR 每 5 年会进行一次评审，货币在不符合条件的时候也可以退出 SDR，但直至 2015 年人民币加入 SDR 前，SDR 一直保持着美元、欧元、英镑、日元的组成。

应当注意到，在日本经济出现衰退后，日元在国际贸易中的比重不断下降。从国际债券余额中日元计价比例可以看出，到 1995 年达到 17.3% 的高位后不断降低，到 2010 年以后国际债券余额中日元计价比例在 9% 以下，只是 1995 年的一半。作为衡量日元国际化的另一项重要指标，日元在国际货币储备体系中占比更是从 1991 年开始连年下降，日元在各国的外汇储备中的占比也出现下降，从历史高点的 8.5% 左右下降到 4.0% 左右。在 SDR 中的比例也逐步下调，从最高值 18% 下降到 8.33%。

2．东京离岸市场的建立与经济泡沫破裂阶段

（1）日元国际化快速推进时期。

第二阶段（20 世纪 80 年代至 20 世纪 90 年代后期）为日元国际化快速推进时期。由于日本的对外贸易开放具有明显的不对称性，较低的日元汇率水平以及国内市场的封闭性使得对外国产品的进入形成壁垒，以 1981—1985 年期间为例，日本经常项目的顺差约为 1 200 亿美元。由于日本对外贸易的大量顺差以及以日元计价资产需求的增加，在 1985 年《广场协议》签订之前，日本银行被迫频繁干预日元汇率，以阻止日元升值，这些都对日元升值形成内在压力。

由于长期以来的对日巨额贸易逆差，美国政府和经济界广泛形成日本政府在压低汇率以便促进日本出口的论调。为了改变对日本的巨额贸易逆差，1983 年 9 月，斯坦福大学爱滋拉索罗门博士和马克律师联合发表论文《日元美元汇率的不完善性》，呼吁推行日元升值以及金融体制自由化。此后美国政府在 1984 年发表了《日元－美元委员会报告书》和《关于金融自由化、日元国际化的现状与展望》

的报告，大力施压日本逼迫其进行汇率制度改革。

同时，由于日本经济的持续快速发展，日本的经济地位在不断提升，日元在国际结算上逐步得以运用，以及日本国内对经济发展形势非常乐观等原因，当时的日本政府内也存在着对于推进日元国际化、增加日元在国际货币体系中地位的呼声。

1985 年 9 月 22 日，美国、日本、西德、英国及法国五个国家在纽约广场饭店召开了财长及央行行长会议，并在会议上达成了一系列相关协议，史称《广场协议》。按照《广场协议》，日本采取入市干预的手段压低美元汇率，逐步引导日元升值。在《广场协议》签订之后的五年之间，日元对美元的累计升值幅度超过了 80%。

（2）东京离岸市场的建立。

1986 年日本正式建立了东京离岸市场，对非居民提供在日本进行日元投资或筹资的资金手段。东京离岸市场的建立标志着日本建设东京国际金融中心的第一步。在发展初期，东京离岸市场的总资产规模从 1986 年的 88.7 亿美元迅速发展到 1995 年的 667.7 亿美元，年均增长速度达 25%。1986 年，日元资产占东京离岸市场总规模的 21%，外币资产高达 79%。随着离岸账户中欧洲日元交易的迅速增长，日元比重上升较快，到 1995 年，东京离岸市场的日元资产占比已达 68%，而外币资产则下降到 32%。

但在 20 世纪 90 年代初期，日本内部增长的潜力和空间已不复当年，而经济泡沫的破灭不仅使银行的不良债权急剧增加，也使金融机构的信用创造严重受损。经济泡沫的破灭还给民众带来巨大的金融资产损失，严重影响了消费。因而在遭受泡沫破灭的打击后，日本经济很快陷入旷日持久的长期衰退中。日元国际化的进程也受到了重大影响，甚至出现了一定程度的倒退。

3. 金融体制改革阶段

第三阶段（20 世纪 90 年代末至今）为改革金融体制的同时持续推进日元的国际化进程的时期。日本在 20 世纪 80 年代之前的金融市场相对封闭，一定程度上制约了金融市场的发展，而 1997 年的亚洲金融危机，导致了日本金融市场出现了破产浪潮，整个日本金融体制也变得极为脆弱。在 1997 年，日本政府对金融政策做出根本性的改变，以桥本龙太郎为首的新一届日本政府，借鉴了英国在 20 世纪 80 年代的伦敦"金融大爆炸"，启动了大范围的金融体制改革。同年，日本成立了新的金融监管机构（即"日本金融厅"），来接管大藏省等的金融监管职能。

同时，日本政府也对外汇政策进行了改革，实施了《外汇法修正案》，实现同国际市场的一体化;并允许国内外资金自由流动、外汇交易完全自由化、手续简化、减免金融税收等。但日本经济继续持续长期的低迷状态（即所谓的"失去的二十年"），直接破坏了金融改革的外部环境。值得注意的是近年来随着日本经济长期低迷和日元汇率波动增大，日元国际化呈现倒退的趋势。

同时，日元国际化发展的空间受到来自强势欧元的挤压，也受到来自新兴市场货币的冲击。日元在国际贸易中的比重不断下降，而日元在各国的外汇储备中的占比也出现下降，在 SDR 中的比例也逐步下调，在人民币加入 SDR后，日元的占比仅为 8.33%。

日元的国际通货地位与其贸易规模，尤其是与其当时作为世界最大债权国和对外投资大国的地位相比差距很大,值得反思。中村明、植田贤司、松井谦一郎(2012)[1]　　指出 90 年代以后日本经济持续低迷，周边国家发展速度较快，日本经济的国际影响力和对日元信任度下降；外汇交

---

① 中村明，植田賢司，松井謙一郎. 新興國通貨の國際化について——人民元・ブラジルレアル・ロシア—ブルの國際化を考える——，國際金融論考，國際金融研究所，2012 年 10 月。

易受时差影响，通过日本金融市场进行交易不够方便，使得日本金融资本市场在国际上所占份额不高。

二、日元国际化面临问题的剖析

1. 金融结构方面：日元国际化先于国内金融改革

一国货币的国际化进程同其国内金融体制自由化应是互相促进的进程。国内金融体系的健全性和开放度如不能适应国际货币的要求，货币自由化和国际化只能是根基不牢的。日元国际化是贸易自由化—资本项目开放—金融自由化的进程进行的。以日元国际化的结果上看，日本先进行资本项目开放、再实行国内金融自由化的开放顺序值得反思。先进行国内金融体制的市场化改革，然后再开放资本项下的顺序符合国际上的通行做法。在实现国内金融自由化之前就开放资本项目开放，将会导致境内外资金的自由流动，对国内尚未做好准备的金融市场造成冲击。20世纪80至90年代的内外市场分离使得海外的欧洲日元市场自由化先行，而期间日本国内的金融法规改革相对滞后，妨碍了国内金融市场的国际竞争力的提升。东京国际金融中心建设的公平竞争环境受到了影响，加上繁杂的行政手续等问题，使得东京作为国际中心地位提升受限。

2．对外贸易方面：日元对美元的依赖过重

日元对美元的过度依赖使得日本国内金融政策和金融市场难以自立，很难实现可控制的日元汇率波动。同时，美国政府可利用日元对美元的依赖性制约日元国际化进程以维护美元的国际货币霸主地位，例如迫使日本签订《广场协议》，否定日本提议创建的亚洲货币基金组织（AMF），在全球银行系统推行美元结算的标准等。

3．国际市场未得到应用：日元回流国内现象严重

一个显著的现象是日元在流出到国际离岸市场后，离岸市场的日元绝大部分通过再贷款等方式回流至日本国内。一个重要原因是日本开放资本账户较早，而当时日元资产在低利率和经济过热的状态下，资产升值迅速，大量资本回流至日本国内推动了资产泡沫不断累积，使得资产的回流和泡沫的累积呈现叠加效应。同时，日本未进行有效的海外投资，日本在 20 世纪 80 年代中后期开始的海外投资，虽然成本很高，却没能实现与国内的生产链有机的结合。由于日元的大量回流，使得日元并未在国际上发挥国际货币的功能，甚至在近邻的东亚和东南亚地区也远远没能撼动美元的结算货币地位。

4．未成为区域化货币：日元国际化对区域化货币
联盟的结成认识不够

日元在国际化的进程中，没有发展区域性货币功能。例如在 1997 年亚洲金融危机期间，日本本可凭其巨额的外汇储备向亚洲各国提供货币流动性支持，同时增加日元在亚洲的影响力，但日本并未主动参与流动性支持，却放任日元贬值，这体现了当时日本并没有重视寻求区域性货币合作，从而扩大日元在亚洲的影响。在这一点上，日元同德国马克的对比尤为突出。德国马克在 20 世纪 70 年代后，通过其强大的对外贸易影响力，尤其是对欧洲周边国家的影响力，通过发展欧洲区域内贸易和货币联盟，以欧洲域内国家的整体力量，最终以区域货币欧元为载体实现了货币的国际化。

三、日元国际化进程对人民币国际化的几点启示

人民币加入 SDR 不是一劳永逸的，SDR 每 5 年进行一次评审，一种货币在符合条件的时候可以加入 SDR，当它不符合条件的时候也可以退出 SDR。因此要加大人民币国际化的力度，不断巩固人民币作为 SDR 篮子货币的地位，

真正提高人民币在国际上的使用规模和使用途径。

日元国际化的一个教训是一个国家的货币国际化应同其经济规模和发展水平相匹配，缺少了相应的经济金融基础，很难做到实质的国际化。我国应继续保持稳定的经济增长，以此为依托，推动与我国经济实力相匹配的国际化进程。

同时，我国要注意保持货币政策的独立性和稳定性。在保持币值的稳定的同时，要进一步加快金融体系改革，并加强对资本流动的整体把握。应当注意资本项目开放可能引起的风险，货币的国际化也将会出现更大的资本流入流出压力。与日本的完全浮动汇率制不同，中国目前实行有管理的浮动汇率制度，现有的稳定是在多种管制措施保护下实现的，我国应对资本项目实行严格的监控，并对未来可能出现的外部冲击做好应对准备。应当在坚持金融改革的同时，发展有国际竞争力的金融行业，提高金融体系管理的综合监管能力。

此外，我国应当抓住"一带一路"倡议推进这个历史机遇，推动人民币的贸易结算和投资结算功能，并推动其成为相应国家的储备货币，使人民币首先成为区域性主体货币。德国马克与日元国际化的经验教训启示人民币要加强区域货币合作，依靠集体力量渐进实现人民币国际化，即通过区域性的货币国际化战略来实现货币国际化的功能性目标。

参考文献

[1]　翁邦雄，白川方明，白塚重典．資産価格バブルと金融政策：1980 年代後半の日本の経験とその教訓，金融研究，日本銀行金融研究所，2000 年 12 月．

[2]　白塚重典，田口博雄，森成城．日本におけるバブル崩壊後の調整に対する政策対応，金融研究，日本銀行金融研究所，2000 年 12 月．

[3]　中村明，植田賢司，松井謙一郎．新興國通貨の國際化について——人民元・ブラジルレアル・ロシアルーブルの國際化を考える—，國際金融論考，國際金融研究所，2012 年 10 月．

[4]　王化．日本央行直接入市及其影响[J]．清华金融评论．2017，（9）．105-109．

[5]　王化．日本股票发行上市制度与监管制度[J]．清华金融评论，2015（12）：86-88．